平凡社新書

882

ヒトラーとUFO

謎と都市伝説の国ドイツ

篠田航一

SHINODA KŌICHI

HEIBONSHA

ヒトラーとUFO●目次

プロローグ

ドイツには、二〇〇二年ごろから頻繁に流行する「感謝するアラブ人（Der dankbare Araber）」という都市伝説がある。いくつものバリエーションがあるが、おおむね次のような話だ。

ミュンヘンのマリエン広場で、アラブ人が財布を落とした。後ろを歩いていた男性が財布を拾い、「落ちましたよ」と渡してあげた。持ち主のアラブ人は大いに感謝して、謝礼金一〇〇〇ユーロを申し出た。男性が丁重に断ると、アラブ人は奇妙な話をした。

「あなたは親切な人だ。それでは一つだけいいことを教えましょう。クリスマスの頃、絶対にこの広場には近付かないように」

話の真意はすぐに想像がつく。これこそ「テロの予告」ではないか。

ドイツ南部ミュンヘンでは実際、そんな噂が広まった。そして多くの場合、「警察も真剣に受け止めている」というもっともらしいストーリーが付け足された。

話の舞台としてミュンヘンだけでなく、首都ベルリンの有名デパート、ケルンのカーニバル会場、ハノーファーのショッピングセンターなどドイツ国内の多くの主要都市が登場するバリエーションもある。話はほぼドイツ全土にわたり、人の集まる場所が「ターゲット」として噂に上った。

背景には、その前年の二〇〇一年九月一一日に発生した米国の「同時多発テロ」があるのは間違いない。国際テロ組織アルカイダの指導者で、サウジアラビア出身のウサマ・ビンラディンが主導したテロ事件は、欧米で広範な「反イスラム」「反アラブ」感情を引き起こした。こうした世相もあり、人々の間に漠然と根付く「アラブ系住民への不安」がドイツでこの噂を一気に拡散させるきっかけとなった可能性が高い。

ドイツで広まったのにはさらに理由がある。

テロの実行役としてアメリカン航空機を乗っ取り、世界貿易センタービルに突入して死亡したエジプト人モハメド・アタら容疑者グループは、いずれもドイツ北部ハンブルクに留学中に知り合ったメンバーだった。このためハンブルク市は事件発生直後、「テロリストを育てた町」という汚名を着せられてしまう。ドイツ人にとって「不気味なアラブ人」に対する警戒は、こうして潜在意識の中に刷り込まれる。

「人間は、不安を一人で抱え込むことに耐えられない生き物です。そして、その不安を他人に伝える時、往々にして具体例を持ち出します。今回の場合、漠然としたアラブ人への不安がさも『具体的な話』に形を変え、急速に広まったのです」

ドイツの都市伝説研究の第一人者でデュースブルク・エッセン大学のヘルムート・フィッシャー名誉教授は、「感謝するアラブ人」の話が広まった背景をそう説明する。フィッシャー名誉教授は一九九一年に『ネズミ犬――現代の伝説（Der Rattenhund : Sagen der Gegenwart）』の著書を世に出し、ドイツにおける都市伝説を体系的に研究した専門家だ。

確かにこの話はよくできている。外国人への漠然とした不安。誰にでも起こりえる日常の行動。そこから一気に謎めいた予言を告げられた驚き。こうした要素が、短い噂話の中に結晶している。

「忘れてはならないのは、噂は往々にして差別感情と表裏一体だということです。ドイツでは一四世紀ごろから誰かが井戸に毒を入れるという噂が頻繁に流行し、その度に犯人とされるのは決まってユダヤ人でした」

フィッシャー名誉教授はそう話す。

「感謝するアラブ人」の噂話を追跡した二〇〇三年一月のドイツの週刊誌フォークスによると、ドイツの警察当局はすでに「九・一一」の直後から、こうした噂がドイツ国内で流布している状況を把握していたという。当時、噂を聞いた人々から警察への問い合わせも相次いだ。もちろん警察当局は「パニックをつくり出すだけだ」と信憑性を否定している。

だが欧州では近年、テロが漠然とした不安ではなく、確固とした現実となっている。過激派組織「イスラム国（IS）」などイスラム過激派によるテロは頻発し、その標的はドイツも例外ではない。

筆者は二〇一一年から二〇一五年まで毎日新聞社のベルリン特派員としてドイツに駐在後、二〇一七年からはカイロ支局に赴任し、テロや紛争が続く中東・北アフリカ地域の取材を続けている。二〇一七年夏、ISがイラク国内で最大拠点としていた北部モスルの戦場周辺を取材した際、戦闘地帯から逃げてきた複数の避難民から「ISの中には欧州の白人もたくさんいた」との話を聞いた。実際にイラク軍がモスルを奪還した後、廃墟の建物からはIS戦闘員の「妻」とされるドイツ人少女も見つかっている。このように過激派の思想に染まる欧州の市民がイラクやシリアに渡航してテロ組織に入るケースも多く、テロのグローバル化には歯止めが利かなくなっている。中東出身者が欧州でテロを起こすだけではない。欧州市民が中東でテロリストにもなる。「感謝するアラブ人」は、どこにでもいる時代になったのだ。

グリム童話を生んだドイツは、民間伝承の豊かな伝統を持つ国だ。勤勉なイメージのあるドイツ人も一皮むけば実に噂好き、ゴシップ好きの人たちで、インターネット上で使用される国際言語としてドイツ語は上位を占めるとの調査もある。ドイツ人は世界に冠たるおしゃべり民族だ。

筆者は高校時代、阿部謹也の『ハーメルンの笛吹き男』(ちくま文庫)を読み、伝説と歴史的事実の境界を漂う話に強く惹かれた。新聞記者になりドイツに赴任してからは、本来の仕事である「お堅いニュース」の取材の合間を縫って、ドイツに伝わる不思議な話、怪しげな話をベルリン市内の書店やインターネットで収集するのが何よりの楽しみとなった。やがて噂の現場を訪れ、関係者に会いに行くようになった。こうしてできあがったのがこの本だ。

本書はそれぞれの章が独立して一つの内容となっているため、興味のある箇所から読みはじめてもらっても問題ない。登場する人物の肩書きは取材当時のもので、原則として敬称は略させていただいた。また、本文中に登場する金額の為替レートは便宜上、二〇一八年五月九日現在の一ユーロ＝約一三〇円で計算している。写真は一部の提供写真を除き、筆者が撮影した。

実は「都市伝説」という言葉は定義が難しい。米国の民俗学者ジャン・ハロルド・ブルンヴァンは古典的名著『消えるヒッチハイカー』（大月隆寛、菅谷裕子、重信幸彦訳、新宿書房）の中で、「都市伝説は、口述の語り《フォーク・ナラティヴズ》の下位のクラスである伝説に属する。それは、おとぎ話と違って、人々が信じているもの、少なくとも信じることのできるものである」と記している。「都市化の進んだ現代において口承されている話。出所が明確でなく、多くの人に広まっている噂話」（小学館「デジタル大辞泉」）との定義も、言い得て妙だと思う。

日本語の都市伝説という言葉は、ニュアンスとしては英語の「Urban legend」の訳が近く、ドイツ語のモデルネ・ザーゲン（Moderne Sagen）、ヴァンダーザーゲン（Wandersagen）もほぼ同じ意味になる。筆者がドイツで聞いた都市伝説とされるものも、要するに「信じる人も信じない人もいる噂話」だ。その意味で、ブルンヴァンの指摘はもっともな気がする。「おとぎ話よりも信じられる」程度の話だが、とはいえ、どこかで少しは信じてしまう自分がいる。そんな話の数々だ。

しょせんは都市伝説。「そんなアホな話があるか」なんて悪態をつきながら読んでもらえたら嬉しい。

第一章　ヒトラーは生きている？

ヒトラーの「命の恩人」

まず、冒頭で紹介する以下の話をどんなトーンで書けばいいのか、実は迷っている。ドイツの都市伝説といえばやはりナチス総統アドルフ・ヒトラーを巡る話は定番中の定番だが、その中でも筆者が耳にした一つのエピソードは何とも言えない「後味」が残るからだ。ただ「ウソかホントか分からない」境界線上の典型的な話であるのは間違いないので、まずはこの話から始めたいと思う。

一九三三年から一九四五年までドイツで政権を握っていたナチス（国民社会主義ドイツ労働者党、Nationalsozialistische Deutsche Arbeiterpartei）は欧州を焦土と化し、六〇〇万人のユダヤ人を始め多くの人命を奪った。その指導者のアドルフ・ヒトラーという二〇世紀最大級のモンスターを巡る噂話は、二一世紀の今も繰り返し語られるネタだ。

ヒトラーに関する伝説を調べているうちに、ドイツ南東部の小都市パッサウで語り継がれている言い伝えを耳にした。それは、ヒトラーがここで「命を落としかけた」というものだ。

地図を見ると分かるが、オーストリアと国境を接するパッサウはちょうどドナウ川、イン川、イルツ川が合流する水運都市で、愛称も「三つの川の町」という。その一つのイン川が伝説の舞台になる。

一八九四年一月の寒い日だった。結氷した川面で四歳の子供が遊んでいたが、急に氷が割れ、川に落ちてしまった。一緒に遊んでいた友人のヨハン・キューベルガーはすぐに凍てつく川に飛び込み、少年を助けた。命を救われたこの少年こそ、ヒトラーだったという説だ。

ヒトラーの「命の恩人」であるキューベルガーは、後に牧師となる。一九五七年に死去するまで、自身がかつてイン川で少年の命を救った行為についてはほとんどしゃべっていなかったが、牧師の後輩であるマックス・トレメルには打ち明けていた。

その後輩牧師トレメルは自身の死の直前の一九八〇年、周囲にこう明かした。

ヨハン・キューベルガー牧師。パッサウ公文書館提供

「私の先輩キューベルガーは、かつて溺れていた友人を助けたことがあります。その少年こそ、後のヒトラーだったと話していました」

よく言われるように歴史に「もしも」はない。だが仮にキューベルガーが少年を救うことができなかったとしたら、第二次世界大戦は起きず、六〇〇〇万人のユダヤ人は虐殺されずに済んだのだろうか。

ヒトラー自身は幼少時に溺れた体験について特に語ったり、書き残したりしているわけではない。このため、この話は史実としては確認されていない。

事実として推測できる「傍証」がないか調べてみると、パッサウ市の公文書館に行き着いた。一八九四年一月のこの事故を報じた当時の新聞記事が今も残っているという。筆者は二〇一四年一二月、公文書館を訪れた。

「これがその日の新聞記事です。紙はだいぶ変色していますが、活字は十分に読めますよ」

過去の公文書がぎっしり並んだ棚から、文書館職員の女性が一冊の新聞の縮刷版を持ってきてくれた。ページ番号は振られていないが、五〇〇ページはゆうに超える厚さだ。それは地元紙「ドナウ新聞」の一〇〇年以上前の縮刷版で、すっかりセピア色になっている。

問題の記事は一八九四年一月九日付けだ。日本でいういわゆる「ベタ記事」の短さで、わずか八行しかない。

「パッサウ、一月九日。ドナウ新聞は以下の情報を入手した。前の日曜日、男の子が溺死する寸前にギリギリで救助された。男の子は、イン川に最近張った氷の上に足を踏み入れたところ、氷が割れ、水中に落ちてしまった。幸いなことに、男の子は勇敢な友人に助けられた……」

事実関係のみを記した短信で、内容はあっさりしている。記事中には溺れた少年と助けた少年の名前や年齢もない。

文書館職員はこう説明する。

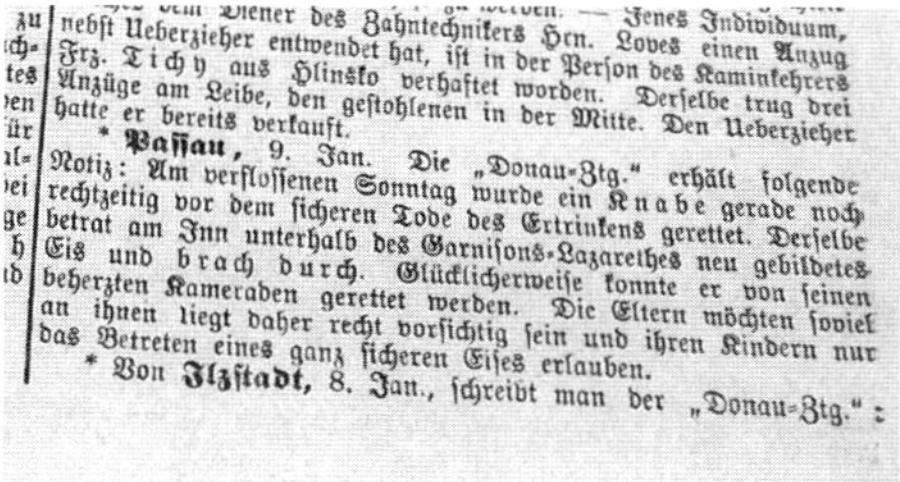
nebst Ueberzieher entwendet hat, ist in der Person des Kaminkehrers Frz. Tichy aus Hlinsko verhaftet worden. Derselbe trug drei Anzüge am Leibe, den gestohlenen in der Mitte. Den Ueberzieher hatte er bereits verkauft.

* **Passau**, 9. Jan. Die „Donau-Ztg." erhält folgende Notiz: Am verflossenen Sonntag wurde ein Knabe gerade noch rechtzeitig vor dem sicheren Tode des Ertrinkens gerettet. Derselbe betrat am Inn unterhalb des Garnisons-Lazarethes neu gebildetes Eis und brach durch. Glücklicherweise konnte er von seinen beherzten Kameraden gerettet werden. Die Eltern möchten soviel an ihnen liegt daher recht vorsichtig sein und ihren Kindern nur das Betreten eines ganz sicheren Eises erlauben.

* Von **Ilzstadt**, 8. Jan., schreibt man der „Donau-Ztg.":

川に落ちた少年の救助を伝える1894年1月9日付の「ドナウ新聞」の記事。2014年12月

「パッサウの地元住民なら、ヒトラーがこの町で溺れかかったという話を一度は聞いたことがあります。研究者も時々この文献を調べにやってきます。でも結局、今となっては証明できる資料がなく、学術的な裏付けは難しいのが現実ですよ」

あの時会ったあの人が、後にあの有名人になった。そんな話はよくある。ただ双方が確認できる写真や映像といった記録がない限り、たいていそれは「記憶の中の話」にとどまる。そんな状況にもかかわらず、ドイツではこの噂が戦後ずっと語り継がれている。地元紙「パッサウアー・ヴォッヘ」の一九九五年五月一〇日付記事には、生前のキュールベルガー牧師から話を聞いたという元市議会議員の証言

ヒトラーとみられる少年が溺れ、友人に救助されたパッサウのイン川。2014年12月

がある。

「この話は一〇〇〇％確かです」

元市議はそう語り、こう述懐している。

「キューベルガー牧師は少年を助けたことを後悔していないと言っていました。でももしあの時、自分が現場にいなかったら、後に数百万の人々は死なずに済んだのだろうか。そんなふうにも深く考え込んでいました」

もちろんこの話には疑問も残る。現代的な感覚からすれば、わざわざ冬の寒い時期、幼い子供が大きな川に遊びに行くのは不自然との指摘だ。イン川は広い。ほとりに立つと、対岸までゆうに一〇〇メートルはあるのが分かる。このため子供たちが遊んでいたのはイン川ではなく、支流の小川だっ

幼少期のヒトラーの家があったとされるパッサウの通り。2014年12月

たとの説もある。一方で現地では「昔は結氷したイン川で遊ぶ子供は珍しくなかった」と話すお年寄りもいる。

冬場の寒さが厳しいドイツでは、確かに川や湖の結氷は珍しくない。筆者もベルリン支局在任中、凍り付いたベルリン市内の湖に幼い娘を連れて遊びに行ったことがある。そこでは氷の季節を待ちわびた親子連れがスケートやそり遊びを楽しんでいた。ドイツでこうした光景が珍しくないことは、四年間の滞在で分かった。

ヒトラーの一家が当時、パッサウに住んでいたのは公文書からも確認できる事実だ。税関職員だった父アロイスの転勤で、一家はオーストリアから転居してきた。公文書館に頼み、当時の住民台帳を閲覧させてもらうと、こんな記述があった。

「アロイス・ヒトラー、一八三七年六月七日生まれ。宗教＝カトリック、出生地＝シュトローネス、職業＝税関職員」

まずこうした父親の個人データがあり、家族欄にはアドルフ・ヒトラーを含む四人の子供、そして妻の旧姓ペッツルの名もある。

ちょうど川の事故が起きたとされる頃、一家はカプツィーナー通り三一番地に住んでいることも分かった。ここは現在の住所ではまさに川のほとりなのだ。

もし少年が助かっていなかったら

付近を歩いてみた。周辺は集合住宅になっており、当時をしのばせるものは何もない。歴史上の人物の居住跡によくある案内板も見かけない。公文書館に聞くと、町の人にとってヒトラーは思い出したくない人物で、記念碑を設置することなど「あり得ない話」という。

ヒトラーを救ったとされるキューベルガーも近くに住んでおり、よく一緒に遊んでいたらしい。溺れかけた少年のニックネームは「アディ」だったという。これもまさに「アドルフ」の愛称でもある。

符合する間接証拠は多いように思えるが、結局のところ確証はない。だが仮に溺れかけた少年が本物のヒトラーだった場合、どうしても後味の悪い想像をしてしまう。そして多くの人は、むしろキューベルガー牧師にも同情している自分に気付くだろう。

歴史に「もしも」はないことを百も承知で、無意味と分かっていても、やはり考え込んでしまう。川で起きた小さな事件の結末にわずかな狂いが生じていたら、現代史の流れは変わったのだろうか。

この少年が本物のヒトラーだった場合、後世に生きる私たちはその末路を知っている。だがもし当時、この現場に居合わせたとしても、誰が幼い子供の不幸を願うことなどできよう。「もし少年が助かっていなかったら」と考えることは、やはり不謹慎なことなのか。

ヒトラーを巡る都市伝説は無数に存在する。だが筆者がベルリン特派員時代に収集した話の中でもパッサウの噂はとりわけ忘れがたく、史実と伝説のスレスレの境界線上を往来している。ほんの小さな出来事が、実は世界史を動かしていたかもしれない。この伝説は後世の人々にそんな想像をさせてしまう典型例のように思える。

脱出した独裁者

ヒトラー伝説の中で比較的よく知られているのが「ヒトラーは自殺せずに生き延びた」

という噂だろう。逃亡先としてアルゼンチン、ブラジルなどの「南米説」は特に人口に膾《かい》炙《しゃ》している。

ヒトラーは一九四五年四月三〇日、ベルリンの総統地下壕で自殺し、世を去った。この歴史的事実は揺るがない。

だが長年、その死については憶測が飛び交った。

ヒトラーは四月三〇日午後二時ごろ、人生最後の食事をした。メニューはトマトソースのスパゲッティだったという。その後、ソ連軍の砲弾が迫る中、地下壕に残った総統秘書ボルマンや宣伝相ゲッベルスらと一人ひとり握手し、前日に急いで地下壕で結婚式を挙げた妻エヴァ・ブラウンと一緒に午後三時二〇分ごろ、部屋に入った。廊下にはナチス親衛隊（SS）の兵士が待機していた。

一〇分後の午後三時三〇分ごろ、銃声が響いた。兵士が部屋に入ると、ヒトラーは血まみれでソファに倒れていた。頭部に引き金を引いたとみられる姿で、即死状態なのが分かった。妻エヴァもその脇で死亡していた。彼女は青酸カリを飲んだことが判明している。死の前日に結婚した「新郎」は五六歳、「新婦」は三三歳だった。

兵士たちは二人の遺体を毛布にくるみ、庭に運び出した。そして用意されたガソリンをかけて焼却した。ソ連軍がベルリンを占領したのは、その二日後の五月二日だった。

地下壕の現場に踏み込んだソ連軍は、炭化して判別のつかない遺体を発見した。やがて燃えずに残っていた歯型からヒトラー本人と「確認」した。

ここまでが、史実として残るヒトラーの最期だ。

戦後、英国がヒトラーの死因を調査した。その結果、ヒトラーは口の中でピストルの引き金を引いた「拳銃自殺」が死因と断定された。だが銃声を聞いて部屋に入った兵士は、ヒトラーが撃った箇所は「左のこめかみ」と証言した。一方で「銃声は聞こえなかった」との証言まである。

証言が食い違うのも無理はない。実は、誰もヒトラーの死の瞬間を見ていないのだ。ヒトラーは妻と二人だけで部屋に入り、その後、銃声を聞いた側近が部屋に向かったため、全てがいわば「密室」での出来事だった。さらに最初に地下壕に踏み込んだソ連軍が遺体を回収し、多くの目撃者を捕虜として連行してしまっている。このため英国による現場検証が十分とは言えないのも事実だ。

こうした中、一九六八年にソ連の元赤軍将校レフ・ベジュメンスキー（一九二〇～二〇〇七年）が従来の調査に異議を唱える。

「死因は青酸カリだ」

拳銃での自殺説を否定する内容だったが、このようにヒトラーの最期を巡っては死因さえ特定できない状況が長く続いた。このため、怪しげな説も国際社会に流布することになる。

FBIの追跡

根強く語られたのが、ヒトラーは自殺しておらず、妻エヴァとともにベルリンを脱出したという説だ。オーストリアの歴史学者ヴォルフディーター・ビールの『ヒトラーの死』によると、ヒトラーが自殺したとされる四月三〇日の早朝、男三人、女一人を乗せた小型飛行機がベルリンのティーアガルテン飛行場を飛び立ち、ハンブルク方面に向かった。その後、ハンブルクから潜水艦Uボートが出港したが、この中にヒトラーの一行が潜んでいたとの説があるという。

ヒトラーの死について調査した米陸軍情報部将校W・F・ハイムリヒはこう述べている。

「ヒトラーの遺体の一部でも発見することはできず、遺体が焼却されたとの証拠もない。一九四五年四月二二日以降、ヒトラーの死の直前を知る目撃者も見つかっていない。私が下した最終結論として、四月二二日以降のヒトラーがたどった運命については、ミステリーと言わざるを得ない」

チリの新聞「ジグザグ」は一九四八年一月、ドイツ空軍の操縦士ペーター・バウムガルトの証言を掲載した。内容は、彼がベルリン陥落の直前、ヒトラーと妻のエヴァ、その他の忠実な部下数人を飛行機に乗せ、ベルリンの空港からデンマークまで脱出させたというものだ。そこからさらに別の飛行機に乗り換え、ノルウェーまで逃がし、ドイツのＵボートと合流させたという。

米国もヒトラーの死に関して疑念を抱き、ひそかに生存の痕跡を追っていたのは事実だ。二〇一四年に開示されたＦＢＩ（米連邦捜査局）の文書を読むと、その内容が分かる。一九四五年一一月三日付で、情報員がＦＢＩの当時の長官エドガー・フーバーにこんな文書を書き残している。

「ヒトラーはアルゼンチンにおり、大農場の地下壕に住んでいる。場所はブエノスアイレスから四五〇マイル北西だ。そこには二人のダブル（影武者）がヒトラーとともに住んでいる。ヒトラーが死んだと主張する英国人のウソを信じてはいけない」

どこまで根拠のある話なのかは分からない。とはいえ、少なくともＦＢＩが当時「ヒトラー生存説」について決して無視していなかったのは事実だろう。

数多くの脱出説は次から次へと語られた。ドイツと戦った欧州の連合国軍総司令官を務め、後に米国の第三四代大統領となるアイゼンハワーは、大統領就任前年の一九五二年にこう述べた。

「我々はヒトラーが死亡したという明白な証拠を発見することができなかった。多くの人々は、ヒトラーがベルリンを脱出したと信じ込んでいる」

アイゼンハワー自身、生存説の流布を認めていたのだ。

頭蓋骨の謎

東西冷戦終結後の一九九三年、ロシア政府は「ヒトラーの頭蓋骨」をモスクワで保管していると発表した。

ドイツ西部ケルンに、この骨を実際に鑑定した人物がいる。警察の鑑識作業などにも協力しているドイツの犯罪科学者マーク・ベネッケ博士だ。博士は骨相などの生物学的な特徴から遺体の状況を調べる犯罪生物学を専門としている。「法医昆虫学者」としても有名で、遺体に群がるハエなどを分析し、死後の経過時間や死因を推定する調査を得意とする。

二〇一四年二月、筆者はケルンにある博士の研究所を訪れた。

博士がモスクワの国立文書館に保管されていた頭蓋骨を鑑定したのは、二〇〇一年のことだった。

「骨はヒトラーの歯型と完全に一致していました。確かに本人です。銃弾の跡から考えても、口の中から撃ったとみられます。一方、青酸カリを飲んだ後に銃を発射した可能性も残ります」

戦後、ヒトラーの死因についての説は結局はっきりしなかった。それが「生存説」を広める要因になった。博士はそう考えている。

「ナチスの残党が南米に逃亡したのは歴史的事実です。今だってナチスの子孫は南米で暮らしていますよ。でもヒトラー逃亡説に関してはさすがに本気で信じている人間に出会ったことはありませんね」

ヒトラーの頭蓋骨を鑑定したドイツの犯罪科学者ベネッケ博士。2014年2月

でも、と博士は続ける。

「私は今年四四歳ですが、まだ私が子供の頃まではドイツ国内でも生存説は根強く語られていましたよ。よく耳にしたヒトラーの潜伏先は二カ所あります。どこだか分かりますか」

ベネッケ博士は筆者の目をしっかりと見つめた後、「アルゼンチンと日本です」と述べ、にやりとした。

「日本で生存」説に思わず筆者も苦笑したが、

実はこの説はソ連指導者のスターリンも唱えているのだ。

ドイツの有力週刊新聞ツァイトなどで活躍したジャーナリストのウルリヒ・フェルクラインの著書『ヒトラーの死』によると、ヒトラー死亡から約一カ月後の一九四五年五月二六日、トルーマン米大統領の特使ハリー・ホプキンズはモスクワを訪れ、スターリンと面会している。この時の発言記録によると、スターリンはホプキンズ特使にこう伝えている。「ヒトラーは生きている。側近のボルマンたちと共に逃げ延びている。あいつは他人が考える以上に抜け目ない野郎だ。ヒトラーは日本にいるのではないか」

スターリンは、ヒトラーの日本逃亡を疑っていた。その根拠として、ドイツと日本を結ぶ三、四隻の大きなUボート（潜水艦）を当時のドイツが持っていた事実を挙げている。

もちろん、現在はヒトラーの日本逃亡説を真に受けている研究者はいない。それでも生存説が消えなかった理由には、やはり死を巡る状況の不透明さがある。

ベネッケ博士は頭蓋骨そのものに加え、歯列、そして自殺時にヒトラーの部屋にあったソファの一部などを徹底的に調べた。さらに生前の一九四四年にヒトラーの歯型を撮影したレントゲン写真も調査した。

「歯型はヒトラー本人のものと一致しました。ヒトラーのかかりつけ医だった歯科医が、歯型の石膏を残していたことが幸いしました」

ソ連のプロパガンダ

こうして多くの証拠を集め、博士は頭蓋骨がヒトラー本人のものと断定した。

「あとは死因です。頭の骨の上部に開いた一センチ未満の穴は、銃弾の跡です。この穴は銃弾が外に出ていく時の穴で、下から上に向かって貫通しています。つまり、口の中にピストルを上向きに入れ、引き金を引き、弾丸が頭蓋骨の上の方を抜けていったという流れです。この自殺の状況は間違いありません」

では、服毒説はやはり誤りなのか。

「確かに服毒説が根強いのも事実です。遺体を最初に鑑定したロシア人軍医は、苦いアーモンドのような臭いがしたと証言しています。これは青酸カリ特有の臭いなんですよ」

モスクワを訪れたベネッケ博士は、「ヒトラー服毒自殺説」を唱えた前述の元ソ連将校レフ・ベジュメンスキー本人と会い、真意を聞いてみたという。この時ベジュメンスキーは、ヒトラーの遺体から青酸カリの臭いがしたこと自体は事実だろうと述べた。

ベネッケ博士も実はこれについては同意見だ。青酸カリを飲んだ後、拳銃自殺した可能性もあるため、ベジュメンスキーは当時、ウソをついたわけではないとベネッケ博士は考えている。

では、なぜソ連は「ヒトラーは服毒自殺した」と主張したのか。博士はベジュメンスキーと話し、ようやくその謎が解けたという。

「ベジュメンスキーの家に招かれ、私たちはこの件について随分と話し込みました。彼によれば、戦後のスターリンにはある強い思い込みがあったそうです。それは勇敢な兵士は拳銃で自殺し、服毒自殺は『弱い男のすること』という思い込みです。宿敵ヒトラーを憎み抜いたスターリンは、あくまでヒトラーを弱い男にしたかった。それが戦後、ソ連が服毒説を主張した背景でした。ベジュメンスキーが服毒説を裏付けるような本を書いたのは、あくまでソ連当局がそう書いてほしいと願ったからです」

つまり、それはソ連によるプロパガンダだった。一九五三年にスターリンが死亡した後も、こうして「ヒトラー服毒説」は長くソ連・ロシアで生き残った。

長年の「死因論争」には続きがある。米コネチカット大学の研究チームは二〇〇九年、「この頭蓋骨は四〇歳以下の女性の可能性がある」との新説を発表した。ヒトラーの頭部から下の遺体は戦後、ソ連が駐留する旧東ドイツのマクデブルクで灰にされ、川にまかれた。だが一体この頭蓋骨の「主」は誰なのか。今も新説が現れては消える。

こうした経緯が「ヒトラーは逃亡し、復活を企んでいる」という陰謀論として語られる要因ともなった。

南極への野望

ヒトラー生存説のバリエーションとして「南極に逃げ延びた」という都市伝説もある。だがこれも根も葉もない作り話というわけではなく、伝説の基となった史実は存在する。それがナチス政権下で国家を挙げて行われたドイツの南極開発だ。

もともとドイツは、他の欧州諸国同様に南極探検に力を入れていた国だった。一九〇一〜〇三年、地理学者エーリヒ・フォン・ドリガルスキーによる「ガウス探検隊」が南極を訪れ、気象データを観測した。その後、一九一一年から翌一二年にかけ、測地学者ヴィルヘルム・フィルヒナーも南極探査を実施している。ちょうどこの一九一一年の一二月にはノルウェーの探検家アムンセンが人類初の南極点到達を成功させており、二〇世紀前半は欧州主要国による熾烈な競争が行われた時代だった。

ヒトラーも一九三三年に政権を握ると、南極開発に乗り出す。

「ナチス時代の南極探査の目的は、戦争への準備でした」

ドイツの南極開発史に詳しいハンブルク大学自然科学技術史センターのコルネリア・リューデッケ博士はそう話す。ナチスによる南極開発の背景には、資源を確保し、戦争に備える目的があったという。

ヒトラーはドイツ経済の復興計画「四カ年計画」を推進したが、その柱の一つに南極開発があった。ヒトラーは側近のナチス幹部ゲーリングをその責任者に据え、資源調達の外国依存を減らし、ドイツが自給自足で戦争できる態勢を整えようとしたという。

「そのために重視したのが鯨油の確保でした。つまりナチスは鯨を捕るために南極開発を急いだのです。鯨油からは栄養源となるマーガリンのほか、日用品として欠かせない石鹼も作れます。爆薬の原料となるニトログリセリンも鯨油からできるため、当時は軍事上も重要な資源でした」

当時のドイツはノルウェーに鯨油の輸入を頼っており、自給ルートの開拓が国家的課題となっていた。南極探査はただの冒険心からではなく、南極海周辺に生息する鯨の確保という経済的理由が大きかった。

こうしてゲーリングの指揮の下、アルフレート・リッチャーを隊長とする探検隊が一九三八年に組織され、ドイツ隊は一九三九年一月、ナチスのハーケンクロイツ（かぎ十字）の旗を南極に打ち立てた。この時に探査した地域は、探検隊が乗っていた船「シュヴァーベンラント号」にちなみ、「ノイシュヴァーベンラント」（新しいシュヴァーベンラント）と名付けられた。もちろん、この地域はドイツの領土になっているわけではない。一九五九年の南極条約により、南極では各国の領有権主張は文字通り「凍結」されている。

自己増殖する都市伝説

だがこの時の南極観測が一つの都市伝説を生んでいく。リッチャー探検隊の南極探検から七〇周年の二〇〇八年一二月、独紙ヴェルトはこう記した。

「リッチャーとその探検隊メンバーがこの時点では予想もできなかったことがある。それは、南極探検が戦後、奇妙な伝説や噂の舞台となることだった。その噂は、何十年も語り継がれることになるのだ」

これこそが、ヒトラーが南極でナチス復活を画策していたという「ヒトラー南極逃亡説」だ。実際、ドイツ降伏直後の一九四五年七月には、ドイツの潜水艦Uボートがアルゼンチン沖に浮上し、ナチス幹部が逃亡していたことも判明した。

「このUボートが南極に近いアルゼンチンまで逃げていたことで、ヒトラーも南極に逃げたとの陰謀論が生まれました。しかし七月に南極あたりに逃げたとしたら、当然、南半球は冬です。延々と分厚い氷が続く中を、ヒトラーやナチス幹部を乗せたUボートが逃げ切ることは不可能でしょう」

リューデッケ博士はそう話す。

戦後、根強く「ナチス南極潜伏説」が語られた理由の一つとして、米国の海軍が一九四六年から翌四七年にかけて南極で実施した「ハイジャンプ作戦」という軍事演習がある。目的は寒冷地での人間や機械の適応度、そして基地建設について調査することだった。ドイツの有力週刊誌シュピーゲルによると、米国はリチャード・バード海軍少将の下、作戦に四七〇〇人を動員し、一三隻の艦船も参加した。多くの航空機も南極上空を飛行し、広範囲な空撮も実施した。南極観測史上、最大規模の作戦だった。

ただ、当時からこの作戦を巡っては一つの疑問がささやかれていたという。そもそも、なぜこれほど大規模に行われたのか。

それが「ナチスの残党を探し出すのが目的だった」との都市伝説を生む。ナチスは南極で「空飛ぶ円盤」の製造を試みたとの説もあり、米軍の大規模な軍事作戦は、こうしたナチスの脅威を取り除くことが目的だったという筋書きだ。

ヒトラーに関する伝説は無数に存在する。その多くはいわゆるガセネタで、学術的な裏付けに乏しいものばかりだ。だが生存説や南極開発史のように、「ヒトラーの死因について議論が続いていた」「ナチスによる南極開発自体はあった」という史実の部分が少し加われば、伝説は多くの歴史ファンまで巻き込み、増殖力を持ってしまう。

いったん増殖し始めた噂話は、どれほど学術的に否定しても忘れた頃に息を吹き返す。ヒトラーを巡る都市伝説は今も、そんな自己増殖を繰り返しているのだ。

第二章　ＵＦＯを追え

本気の人たち

一九六九年七月二〇日、米国東部時間の午後四時一八分、宇宙飛行船アポロ一一号は人類初の月面着陸を成し遂げた。搭乗者は三人。初めて月面を歩行したのはニール・アームストロング船長で、次にバズ・オルドリン操縦士が降り立った。マイケル・コリンズ操縦士は月の軌道上で船を操縦し、月面の写真撮影をして船内にとどまったため、月面を歩いていない。

月日は流れ二〇〇五年九月。すでに七五歳になっていたオルドリン元操縦士の証言が、米国のドキュメンタリー番組「サイエンス・チャンネル」で放映された。オルドリンはこの収録で、当時宇宙船の近くを飛んでいた「円筒形の飛行物体」について証言した。この物体を三人とも見ていたという。

「それは十分に観察できるくらい近くにありました」

オルドリンはそう振り返った。すぐにNASA（米航空宇宙局、本部ワシントン）の宇宙センターがある米国ヒューストンの職員に呼びかけようとした。

「おいヒューストン、俺たちに並行して何かが飛んでいるぞ。教えてくれ、あれは一体何だ？」

ＮＡＳＡにそう聞こうとしたが、瞬時に思いとどまったという。

「地球上ではあらゆる人間が交信に耳を傾けていましたからね」

アポロ一一号の搭乗員という米国の「国民的英雄」が暴露した謎の飛行物体に関する証言は、世界中のメディアの話題となった。未確認飛行物体（ＵＦＯ、Unidentified Flying Object）の存在を示唆した発言であるのは間違いない。だが二〇〇七年八月にテレビ出演した際、オルドリンは「あの番組は、私が述べた部分を都合よく編集している。物体は宇宙船から分離した四つのパネルのうちの一つだった。九九・九％確かだ」と述べ、不審な物体に関する発言を事実上撤回している。

だがオルドリンはその後、二〇一四年七月の英紙テレグラフのインタビューに「私たちの銀河系にはエイリアンがいるかもしれない。何十億というその他の銀河もある。生命体が宇宙空間にいる可能性はおそらく確かだと思う」と答え、地球外生命体の存在を肯定的に考える発言をしている。

世界各国は、ＵＦＯという言葉を文字通り「確認できない」物体という意味の航空・軍事用語として使うケースが多い。つまりそれは無人機や人工衛星のかけら、はたまた鳥や昆虫かもしれないし、ミサイルかもしれない。宇宙人の乗り物としての概念はあくまでそのうちの一つで、決してＵＦＯイコール謎の宇宙船限定というわけではない。だがこの章では便宜上、「宇宙人の乗り物」の意味でUFOという言葉を使おうと思う。

米国の宇宙飛行士は度々、地球外生命体の存在を示唆する見解を発表する。それはUFOなど信じない「まとも」な市民にとっては荒唐無稽な話に聞こえる。有名なのがエドガー・ミッチェル博士の話だ。マサチューセッツ工科大学で航空学の博士号も取得し、一九七一年にはアポロ一四号の宇宙飛行士として人類六人目の月面歩行をした人物だ。

この高名なミッチェル博士も二〇〇八年に英国のラジオ番組に出演した際、「異星人はすでに地球を訪れている」と発言した。米政府はその事実を六〇年も隠し続けているが、情報は徐々に漏れつつあるという。そしてミッチェル博士ら数人だけは、すでにこの事実について説明を受けていると明かした。

これも衝撃的な発言だった。アポロ一一号のオルドリンは「よく分からない何か」が宇宙船外に見えたことを述べているだけで、異星人やUFOの存在については明確に言及したわけではない。これに比べれば、ミッチェル博士の発言は踏み込んだ内容だ。さすがにNASAもすぐに反応し、「NASAはUFOを探していない。NASAはエイリアンに関する地球内外のいかなる隠蔽にも関与していない。ミッチェル博士は偉大な米国人だが、我々とは見解を異にする」とのコメントを発表した。

米国は、間違いなくこうしたUFO伝説の「本場」だろう。「アポロ一一号は実は月に行っていなかった」「米政府は宇宙人の遺体を隠している」「大統領はすでに宇宙人とコンタクトを取っている」。そんな陰謀論の数々は、すでに消費し尽くされた感がある。だが、今も次から次へと暴露話は世に現れる。近年はＣＩＡ（米中央情報局）やＮＳＡ（米国家安全保障局）の元職員だったエドワード・スノーデンが「一九五四年に当時のアイゼンハワー大統領がエイリアンと会談した」という「機密事項」を暴露したことが伝えられている。

もちろんＵＦＯ伝説は世界中に広く分布しており、ドイツも例外ではない。

筆者はベルリン特派員在任中、ＵＦＯを巡る奇妙な騒動に出くわした。二〇一一年以降、まさにこうした「ＵＦＯ陰謀論」を地で行くような法廷闘争がドイツで繰り広げられたのだ。裁判の争点はズバリ「ＵＦＯ情報の開示」だ。ドイツ連邦議会（下院）が非開示にしているＵＦＯ情報の分析資料について、市民が「開示せよ」と訴えたのだ。

本章ではドイツとＵＦＯを巡る騒動を紹介したい。

軍事機密が飛び交う最前線

二〇一一年一二月一日、ベルリン行政裁判所の判決にドイツ中が沸き立った。

「ドイツ連邦議会は、文書を開示せよ」。

ここで「開示対象」となったのはUFOについて議会が調査した文書のことだ。UFO文書といっても、オカルトでもなんでもない。一九七八年に国連が大真面目に採択した決議文のことだ。一九七八年一〇月、カリブ海に浮かぶ中米の島国グレナダのゲーリー首相は、国連総会で演説した。

「UFOの目撃情報は一ヵ所や二ヵ所ではない。目撃報告は今や世界中から寄せられている。地球の繁栄のため、そして私たち自身が地球での存在意義をよりよく理解するため、詳細な調査が必要と信じる国も増えている」

国連という場でのUFO演説と聞けば滑稽な印象も受けるが、当時の時代背景を考えればそれほど的外れという感じもしない。一九六九年にはアポロ月面着陸があり、一九七〇年代はまだ米ソが宇宙開発にしのぎを削っていた時代だ。世界的な宇宙への関心の高まりは、一方でUFO情報の増加ももたらしていたのだ。

グレナダのゲーリー首相の演説から二ヵ月後の一九七八年一二月、国連は「UFOその他の類似現象の研究の実施・協力・宣伝普及を行う国連部局の設置」(国連決議A／三三／四二六)を採択した。そもそも存在が「未確認」であるはずのUFOを大真面目に調査対象とするということ自体が奇妙でもあるが、とにかくUFOをただのオカルトと見るのではなく、その研究の必要性を説くという極めて「真面目な」国際社会の意思表示だった。

その後、この決議に基づいた研究がどこまで進んだのかは定かではない。だが先進各国が決議とは関係なく、独自に研究を進めていたのは確実と思われる。

ドイツでは国連決議に基づく調査結果の「地球外生命体の捜索と、ＵＦＯ観察のための国連決議Ａ／三三／四二六の実施」という文書が、ドイツ連邦議会に付属する学術調査局の管理下で保管されていた。ベルリン行政裁判所の資料によると、この文書が作成されたのは二〇〇九年一一月となっている。

二〇一〇年、ベルリン在住の男性がこのＵＦＯ文書の閲覧を求めて提訴した。官公庁が持つ公的な情報に、国民はいつでもアクセスできるというドイツの情報公開法（二〇〇五年制定）を根拠に、文書を開示するよう訴えたのだ。もちろん法律には、高度な軍事機密や個人情報など公開対象とはしない例外規定もある。ＵＦＯはどう判断されるのか。

二〇一一年一二月、一審は連邦議会に文書の開示を求めた。原告の訴えをほぼ認め、国民の知る権利を重視した内容だった。だが議会側はかたくなだった。あくまで「ドイツ連邦議会用に作成された資料であり、一般公開用ではない」として控訴した。

なぜ連邦議会は開示に反対したのか。この問題を追跡してきたジャーナリストのロベルト・フライシャーは説明する。

「冷戦期、東西に分断されたドイツは軍事機密が飛び交う最前線でした。ＵＦＯ情報というのはスパイ衛星など軍事目的の物体と関係することも多いのです。議会が公開に消極的な背景には、今も公表しにくい何かしらの機密があるのかもしれません」

UFO裁判は二審に持ち込まれ、二〇一三年一一月一三日、判決が下された。結果はUFOファンには残念な内容で、原告の逆転敗訴。UFO文書開示は認められなかった。ベルリン・ブランデンブルク行政高等裁判所は一審の判断を覆し、「ドイツ連邦議会の委託を受けた学術調査局の文書は、情報公開法の適用を受けない」と判断した。

だが最終審でまたも逆転する。

二〇一五年六月二五日、ライプチヒの連邦行政裁判所は二審の判断を覆し、結局「開示せよ」となった。これを受けて連邦議会はその後、文書を公開した。

だが中身は素っ気なかった。ドイツ政府は、地球外生命体によるドイツ領内への着陸について「現在の科学的見地からみて、ありえない」と考えているという内容だ。

あまりに夢のない文書の内容に、ドイツのメディアは「悲しいニュース」（ターゲスシュピーゲル紙）などと一斉に伝えた。

英国はUFO調査の情報公開先進国

だが他の先進国に目を転じてみると、UFO研究についてはかなりオープンになっている印象を受ける。

たとえば英国だ。国立公文書館は二〇一二年七月に公開した六七〇〇ページに及ぶＵＦＯ資料の中で、「ＵＦＯが存在するという確かな証拠はない」と指摘しながらも、国防省にＵＦＯを分析する担当官を二〇〇九年まで置いていた事実を明らかにした。

一九九五年にはそのＵＦＯ担当官が、仮にＵＦＯ情報が本物であるとした場合、地球に飛来する目的は「軍事的偵察」「科学的調査」「観光」の三点が主な理由だろうと分析している。また仮に宇宙人がいた場合、彼らは高度な技術を有していると推測され、これを英国の技術発展のために活用するべきだとの意見も記されている。国益のためならＵＦＯも利用する。このあたりは、老獪な古き大英帝国の外交戦術を思わせる。調査内容は一九九八年、当時のブレア首相にも報告されていた。

英国はおそらくＵＦＯ調査の分野ではかなりの情報公開先進国だろう。これまでにも頻繁に同様の資料を公開している。英ＢＢＣ放送によると、二〇一〇年に公開された資料からは、第二次大戦中にチャーチル首相が英空軍機とＵＦＯの遭遇を真剣に心配していたことが明らかになっている。

フランス国立宇宙研究センター（ＣＮＥＳ）も二〇〇七年三月、ＵＦＯ関連資料を公開した。一九五四年以来、研究センターに寄せられた写真やビデオ、録音資料など一六〇〇件の記録と、六〇〇〇件に上る証言の数々だ。

有名なのは、一九八一年に南仏プロヴァンス地方に降り立ち、すぐに立ち去ったとされる中華鍋のような形の飛行物体の目撃証言だ。着陸場所の草原には物体の痕跡が残っており、地面の解析から「数百キロの重さの物体」が確かに着陸したと推定されるというが、正体は不明という。

また一九九四年にはエール・フランス機の乗員がパリ近郊で、空中を漂う赤茶色の巨大な円盤を目撃した。その物体は定期的に形を変えていたという。

ここで面白いのは、科学的に説明できない事例が全体の三割を占めることを公的機関である研究センターが認めた点だ。科学的に完全に説明できる事例は九％を占め、三三％もほぼ理由を見つけることができる。三〇％は情報が不足しているため解析が不可能だ。研究センターはそう説明する。ここまでは分かる。だが残りの二八％が問題なのだ。

信頼できる証言や質の高い情報があるにもかかわらず、どうしても原因が分からないのがこの二八％なのだという。つまりこの数字は、正真正銘の「ＵＦＯ」の可能性があるということになるのだ。

日本の国会でも質疑

実は日本も過去に政府見解を出している。

二〇〇七年一二月、当時の福田康夫内閣がＵＦＯについて「存在を確認していない」とする答弁書を閣議決定した。ＵＦＯに関する政府としての初の公式見解だ。民主党（当時）の山根隆治参院議員が「近年、各国において地球外から飛来してきたと思われる未確認飛行物体の目撃情報が後を絶たない。我が国の安全上の観点からも、情報収集は喫緊の課題だ」といった内容の質問主意書を提出したことに対する回答だった。この中で山根議員は、「航空自衛隊がＵＦＯを探知してスクランブル（緊急発進）をしたことがあるのか」どうかについても質問した。

これに対し政府は「特段の情報収集や外国との情報交換、研究はしていない」「我が国に飛来した場合の対応も、検討していない」と回答した。空自のスクランブルをした事例の存在についても、日本の領域上空に侵入する恐れのある正体不明の航跡を探知した場合は、必要に応じて戦闘機を発進させ、目視による確認をしていると一般論として回答した後、「御指摘の「地球外から飛来してきたと思われる未確認飛行物体」を発見した事例については承知していない」と答えた。

総じて、素っ気ない回答という印象だ。

ただ当時の町村信孝官房長官だけは記者会見で「個人的には絶対いると思う」と述べ、

公式見解とは「対立」する見方を示し、話題になった。山根議員はこの二年前の二〇〇五年にも、当時の麻生太郎総務相に「大臣はUFOを見たことがございますか」と国会で質問したことがある。麻生氏が「おふくろは見たといってえらい興奮して帰ってきたことがあるが、残念ながら私自身は見たことはありません」と答えた。山根議員はここで「防衛上の問題で、無関心ではいけない」と指摘している。

前述のドイツ人ジャーナリスト、ロベルト・フライシャーが指摘したように、確かにUFO情報には高度な軍事機密が関与しているケースもある。UFOと軍事は密接だ。偵察目的の飛行物体がUFOと間違われることも容易に想像がつく。

有名なのは、東西ドイツ統一直前の一九九〇年八月に起きた「グライフスヴァルトの謎」だろう。当時の東ドイツの港湾都市グライフスヴァルトからロストック、そしてバルト海のリューゲン島付近にかけての地域で、白く燃えているような光の群れが夜空に出現したのを多くの人が目撃した。光の正体について、東西統一前後のドイツでは議論になったが、どうやらこれは軍事演習の一環だったらしい。旧東ドイツ空軍の関係者がメディアでそう証言している。

東ドイツが加盟していた軍事同盟の「ワルシャワ条約機構」は、この光の群れが目撃された一帯をよく訓練に使っていた。ミサイル演習も実施しており、こうした一部が謎の飛行物体として認識されたというのが真相のようだ。もちろん説明に納得しないＵＦＯファンも多く、東西ドイツ統一後も「政府は何かを隠している」というお決まりの陰謀論が盛んに語られている。

だがそもそも、ドイツは国家としてＵＦＯの研究自体を実施したのだろうか。

政府機関のドイツ航空宇宙センターに聞いてみると、「ドイツのＵＦＯ研究については一切知りません」（アンドレアス・シュッツ広報官）との回答が返ってきた。もちろんこれはあくまで「公式」回答であり、真相は不明だ。

結局、ＵＦＯについては世界中のどの当局も「ない」「存在しない」という断定回答はできない。存在自体の確認ができない以上「知らない」「関知していない」以上の公式回答を引き出すことは今後もほぼ不可能だろう。文脈を精査し、政府回答の裏に隠された真意を読み取ろうとするＵＦＯファンも多いが、「知らない」以上の回答はないと考えるのが現実的だ。

空の専門家たちは何を見たか

一般市民によるＵＦＯ目撃情報と違い、空の専門家である軍人やパイロットがＵＦＯを見たと公言するのは、微妙な問題でもある。人命や国家の安全を預かる立場上、あまり荒唐無稽な話を言いふらせば、組織の信用にも関わり、自身の職業人としての出世にも影響しかねない。このため「空のプロ」たちは、現役を退いた後に自身の体験談を公表する場合が多い。

ドイツではフラッグ・キャリアの「ルフトハンザ」の元機長ヴェルナー・ウッターが二〇〇六年に八五歳で世を去るまで、メディアで頻繁に自身のUFO目撃談を語り続けたことが有名だ。

ウッターは一四歳でグライダーを操縦し、第二次大戦中は空軍に所属。戦後にルフトハンザの機長を務めた人物だ。四〇年以上に及ぶパイロット生活で、一〇〇種類以上の機体を乗りこなし、総飛行時間は二万九〇〇〇時間を数えたという。一九六七年には西ドイツのリュプケ大統領がネパールを公式訪問する際、大統領をボーイング七〇七型機に乗せ、当時は大型機の離着陸が困難とされていた首都カトマンズの山間部の空港に無事に着陸させた。ルフトハンザ社の役員も務め、死亡時は有力週刊誌シュピーゲルに訃報が掲載された。ドイツではれっきとした名士だ。

そのウッターがパイロット引退後、雑誌「P.M.」の取材に、以下のように答えている。

「一九五八年、レバノン上空で、丸い光が五～一〇秒ほど私たちの操縦席と左側のモーターの間に近付き、機体と一緒に飛行するのを見ました」

「英国上空をジャンボ機で飛行中、同僚が『気をつけろ、何かが近づいてくる！』と叫びました。外を見てみると、巨大なタバコのような物体が機体に向かってきました。ジャンボ機はものすごい速さで飛んでいたので、よけることはできませんでしたが、ぶつかると思った瞬間に消えたのです。オランダ・マーストリヒトの管制センターに連絡し、レーダーに何か映っているかを尋ねました。何も映っていなかったとの返事でした」

ウッターは晩年、こうした目撃談を頻繁に語った。おそらく現役時代には制約があって口にできなかった内容を、引退後ようやく公にしたのだろう。ウッターは「私が言うことを信じてほしいとは思いません。ただ私は、自分が見たことを言っているだけです」と話している。

ドイツ人はＵＦＯ好きな国民

ドイツのメディアはＵＦＯ情報を大きく扱う。筆者のドイツ在任中のＵＦＯ騒ぎで記憶に残っているのは、二〇一四年一月六日、ドイツ北部ブレーメン上空に出現した謎の飛行物体だ。

ブレーメン空港の上空でこの日午後六時ごろ、管制レーダーが「強い光を放つ正体不明の物体」を確認した。管制官はこの物体と交信できなかったため、警察に通報した。

「ブレーメンの音楽隊」で有名なドイツ北部ブレーメン。ここでも過去に「UFO騒動」が起きている。2013年12月

物体は地上約三〇〇メートルを移動し、一時は空港の離着陸エリア上空にまで接近したことから、急きょ国内便の一部は欠航する騒ぎになった。乗客には「謎の物体出現のため」と機内アナウンスで理由が説明されたという。ブレーメン空港に着陸予定だったパリ発の便は、物体が姿を消すまで空港上空を旋回して待機した。物体はまぶしい光を放ち、午後九時ごろまでの間に空港や市中心部付近を移動し、やがて雲間に消えたという。警察もヘリコプターで捜索したが、手掛かりはつかめなかった。

住民は「黄色い光だった」「光はそれほど大きくない」などと証言し、「無人機」「ヘリコプター」などの説も浮上したが、巨大ヘリ特有の旋回音は聞こえなかったという。ブレーメン警察は、「何者かが航空交通を妨害した容疑」で捜査に乗り出した。

結局、警察は二週間後、正体は遠隔操作で動かせるラジコンヘリコプターの一種と結論付け、騒動は収まった。だがＵＦＯ研究者からは「本当にそうなのか？」と幕引きの早さに疑問を抱く声も上がった。

ドイツ人はＵＦＯ好きな国民だ。週刊誌シュピーゲルによると、二〇一五年に約一二〇〇人に実施した世論調査では、地球外生命体の存在を信じていると答えた人が五六％に上ったという。二〇一二年に製作され、日本でも公開された映画「アイアン・スカイ」（ドイツ、フィンランド、オーストラリア合作）は、月面に逃げたナチスの子孫が宇宙船で地球に攻めてくるという荒唐無稽なストーリーだった。だがそれでも製作費には世界中のファンがクラウドファンディングで寄付し、約一〇〇万ユーロ（約一億三〇〇〇万円）が集まったという。

ＵＦＯではないが、最近の空に関する都市伝説として「ケムトレイル」がある。英語のケミカル・トレイル（化学物質の航跡）を縮めた言葉で、ドイツでも英語読みでそのまま呼ぶ。飛行機が化学物質を噴射することでできる飛行機雲のような航跡を指すが、通常の飛行機雲ではなく、政府が「何らかの意図」を持って有害物質をまき散らしているとする説だ。

雑誌でもそうした記事はよく特集され、環境問題に敏感なドイツ人には一定の関心を呼んでいる。だがドイツの環境当局は二〇一一年、説得力のある証拠はなく、信用するに値しない情報との見解を示している。

だがこのケムトレイルの陰謀論は今も広く人口に膾炙しており、興味を持つ政治家もいる。中央政界ではないが、北西部ニーダーザクセン州の州議会議員が二〇一六年、州政府にケムトレイルについての有害性を調査するよう要請した。州政府は「予算不足」を理由に断ったが、別の議員からは「陰謀論を信じている議員がいるとは驚く」などと批判されている。

中世の目撃談

歴史をひもとけば、ドイツでは中世にもUFO情報が記録として残されている。ドイツのメディアから探した代表的な話を以下に紹介したい。

最も古いものの一つとしては、一五六一年四月一四日の明け方、ニュルンベルクの上空に現れた謎の物体が挙げられる。数え切れないほどの球形や円盤状、巨大な鎌や槍のような形の物体が空中に現れ、激しく飛び交ったという。一時間ほどして物体はどこかに落ちていくように消えていったらしく、UFO同士の戦いだったとも評されている。一六世紀

バルト海沿いの港町シュトラールズント。17世紀には、写真左上の聖ニコライ教会の上に「巨大な円盤」が飛来したとの言い伝えがある。2013年10月

の版画家ハンス・グラーザーが、当時の様子を木版画に残しているが、画面の右下の丘の上からは噴煙が上がっており、物体がここに墜落した可能性もある。

ただ、物体の出現は何らかの光の反射によるもので、巨大な槍とは明け方の流れ星を指すとも指摘されている。一方でこうした自然現象が同時に起きることは珍しいとの見方もある。

また一六六五年にはバルト海沿いの港町シュトラールズントでも、謎の物体を多くの漁師たちが目撃したとの記録がある。

午後二時ごろ、鳥の大群が北の方角から海にやって来たかと思うと、それ

は戦艦に姿を変えた。空中に浮かぶ戦艦に漁師たちは度肝を抜かれたが、この船団は何時間も空中で闘っていたという。男性がかぶる帽子のような巨大な円盤も飛来し、聖ニコライ教会の真上に夕方まで浮かんでいた。この円盤は明け方の月のようなオレンジ色だったという。漁師たちは震えが止まらず、体調不良を訴える者も続出したらしい。

中世には、空の異常現象は戦争や災害の前兆と思われていた。実際、シュトラールズントに謎の円盤が出現した後に、プロイセンとスウェーデンの間で戦争が起きている。

ナチスと宇宙開発

だがドイツ史上、UFO伝説として有名なのはやはりナチスとの関係だろう。この話自体は全て都市伝説というわけではなく、半分は史実ともいえる。もちろんナチスはUFOを本気で開発していたわけではないが、UFO型の飛行機の製造は計画していた。

戦争は航空学を発達させる。ナチスも当時、飛行に最も負担がかからない形状として円盤型に注目していた。戦後の一九五〇年三月、週刊誌シュピーゲルの取材に対し、イタリアの技術者でムッソリーニ政権では経済相も務めたジュゼッペ・ベルッツォが以下のように答えている。

「私がその円盤の設計図を書きました。軽金属で作る回転型の円盤は、直径一〇メートル。

ナフサ（粗製ガソリン）などを圧縮したものを動力源に使用しました」

一九四二年の時点でムッソリーニとヒトラーはこの円盤の開発を関係当局に指示し、長距離ミサイルを搭載できるような性能に仕上げるよう急がせていたという。だが「残念ながら、ムッソリーニが北イタリアに逃げ、計画は頓挫してしまいました」とベルッツォは明かしている。

同様に、ドイツ北部ブレーマーハーフェンの航空技師ルドルフ・シュリーファーも円盤設計に携わった事実を明かしている。

「アイデアが生まれたのは一九四二年です。子供が水平に回転するプロペラの模型で遊んでいるのを見て、ふと思いついたのです」

シュリーファーは一年後、設計図をドイツ占領下にあったチェコの技術者に委託し、チェコで開発がすすめられた。円盤機の直径は一四・四メートル。飛行中の空気抵抗も少なく、離着陸も容易な性能だったという。一九四五年四月までシュリーファーはこの計画を進めていたが、ソ連軍の侵攻により、計画を中断してブレーマーハーフェンの作業場に設計書類を持ち帰った。

戦後の一九四八年八月四日、シュリーファーは空き巣に入られた。そして設計図と簡単な模型がごっそり盗まれた。シュリーファーは、かつて一緒に働いたチェコの技術者が、どこかの「外国勢力」のためにこの円盤計画を再現していると確信したという。

シュリーファーやベルッツォは戦後、メディアの取材に対してこうした事実を公然と語っており、ナチスの円盤計画が特に秘密というわけではない。戦後に広まった「ナチスがUFOを作った」との都市伝説はその意味で、計画は頓挫したものの、確かに半分は当たっているのだ。

ペーパークリップ作戦

ナチスの円盤が現在の航空学の知識から見て、どの程度進んだものだったのかは分からない。だが当時のドイツが他の主要国に比べても、宇宙開発については相当高いレベルにあったことは確かだ。

有名な科学者がいる。世界初となるロケット兵器「V2ロケット」を開発したヴェルナー・フォン・ブラウン（一九一二〜一九七七年）だ。彼の人生はある意味、都市伝説以上に数奇かもしれない。

フォン・ブラウンはドイツ帝国領ヴィルジッツ（現ポーランド）の貴族の家に生まれた。王立ベルリン工科大学（現ベルリン工科大学）に進学し、その後、ナチス政権下でロケット開発に携わる。研究拠点は敵の目につかないよう各地を転々とした。まず首都ベルリン郊外の施設から、バルト海沿岸のウーゼドム島に移された。その後、同じくバルト海沿岸の町ペーネミュンデに移転する。

こうして開発に成功したのが、液体燃料を用いた世界初の弾道ミサイルとなるＶ２ロケットだ。弾道ミサイルとは文字通り弾道を描いて飛び、遠く離れた場所に着弾するミサイルを指す。Ｖ２ロケットのＶとは、報復を意味するフェアゲルトゥング（Vergeltung）の頭文字で、主に英国を標的とした攻撃に使われた。

ドイツは一九四四年に最初のＶ２ロケットをロンドンに撃ち込んで以降、英国のほかベルギー、フランスにも空襲を続けた。一九四五年三月末の最後の攻撃まで、Ｖ２ロケットは八〇〇〇～一万二〇〇〇人の命を奪い、主にロンドンとアントワープを破壊した。

フォン・ブラウンの生涯に詳しいオスナブリュック大学のアイスフェルト名誉教授。2015年２月

「第一次大戦で敗北したドイツは、一九一九年のヴェルサイユ条約で戦闘機や戦車など大型兵器の開発を禁じられました。しかし当時、ロケット技術の実用化を真剣に考える人は少なく、実はロケットは禁止リストに入っていなかったのです。このためドイツは早くからロケット開

発に関心を持っていました」

フォン・ブラウンの生涯に詳しいオスナブリュック大学のライナー・アイスフェルト名誉教授はそう説明する。フォン・ブラウンは軍事目的以外にもう一つの研究を進めていた。それが月面にロケットを飛ばすことだった。だが軍事目的最優先の時代に、ナチスはフォン・ブラウンの宇宙研究を快く思っていなかった。ナチスは彼の天才的頭脳には敬意を表していたが、軍事作戦に無関係の宇宙の話などはむしろ時間の無駄と思っていた。

やがてドイツは降伏し、第二次大戦が終わった。戦後、フォン・ブラウンに目を付けたのは米国だった。米軍は投降したフォン・ブラウンを米国に連れて帰り、今度は自分たちの宇宙開発のためにその頭脳を利用する。

有名な話だが、戦後に東西冷戦が本格化すると、米国はナチス政権下で働いた優秀な科学者をリクルートして囲い込み、宿敵ソ連への「頭脳流出」を防ごうとした。これは「ペーパークリップ作戦」と呼ばれ、フォン・ブラウンはその代表例だ。かつては祖国ドイツのために働いた科学者たちは戦後、米ソに分かれ、超大国の冷戦を支える頭脳になっていく。

「フォン・ブラウンの同僚にはソ連に行った者もいました。ソ連のミサイル開発は戦後しばらく、こうしたドイツ人の頭脳によって支えられていたのですよ。皮肉な話ですが、ナチス時代の科学者がいなければ、戦後の宇宙開発史はだいぶ変わっていたかもしれません」

アイスフェルト名誉教授はそう話す。

フォン・ブラウンはやがてＮＡＳＡで働き、ケネディ大統領の信頼も勝ち得ていく。そして一九六九年、人類初の月面探査を行った「アポロ一一号」の業績に貢献する重要人物となる。

当時撮影された写真の中に、興味深い一枚がある。

フォン・ブラウンとケネディが、共に空を見上げる姿だ。かつて敵同士だったドイツと米国。その両国のキーパーソンが共に宇宙への夢を語り合う印象的なシーンだ。

筆者は二〇一五年二月、若き日のフォン・ブラウンが研究に打ち込んだバルト海沿いの町ペーネミュンデを訪れた。ローカル線を何度か乗り継ぎ、ベルリンから片道五時間ほど。防風林の中をのんびり列車は走る。

途中の駅で、検札で切符を切りにやって来た鉄道職員の女性が、ふと窓の外に手を振った。駅のホームを歩いている初老の女性が手を振り返した。のんびりした海沿いの町では、きっと誰もが知り合いなのだろう。こんな穏やかな町で、かつては敵国を焦土と化したロケットの開発がひそかに進められていたのだ。

ナチス政権下でフォン・ブラウンが開発したＶ２ロケットの模型は、今もドイツ北部ペーネミュンデに立っている。2015年２月

ペーネミュンデの駅にほど近い博物館の敷地には、高さ約一四メートルのＶ２ロケットの模型が立っていた。二月の晴れ渡った寒空の下、天を突くように立つその姿は、ナチスが追い求めた野望の欠片だ。だがそれは同時に、戦後の華々しい米ソ宇宙開発史の序章を飾る原点でもあった。

中世にはＵＦＯ伝説を生んだバルト海。その沿岸には、宇宙を夢見た一人のドイツ人の足跡も刻まれている。

第三章　どこにもない町

その話はだいたい、二、三の質問から始まる。

「あなたは、ドイツ西部の都市ビーレフェルトに行ったことがありますか?」

「あなたは、ビーレフェルト出身という人を知っていますか?」

両方とも「いいえ」と答えると、「そのはずです。だってビーレフェルトなんて町は実在しないのですから」との答えが返ってくる。

逆に「行ったことがある」「出身者を知っている」と言えば、「それは何者かの陰謀にだまされているのです。その町はビーレフェルトに見せかけた偽物。本当はそんな町は存在しないのですよ」と言われる。

どちらにせよ、ビーレフェルトは「この世に存在しない」町なのだ――。

一九九〇年代、ドイツの若者の間で流行した都市伝説だ。もちろんドイツ西部ノルトライン・ヴェストファーレン州にちゃんとビーレフェルト市は実在する。だが市広報課のディートマール・シュリューテは「今でも市役所に実在を確かめる電話がかかってくるんですよ」と笑う。この話の人気は根強く、二〇一〇年には「ビーレフェルトの陰謀」という映画まで製作されるほどの社会現象になった。

ドイツ西部ビーレフェルトの駅舎。確かに町はあるのだが……。2013年２月

話の火付け役とされるのが、ドイツ北部キール在住のエンジニア、アヒム・ヘルト博士だ。二〇一二年八月、カモメが舞うバルト海沿岸の港町キールのカフェで出会ったヘルト博士がその経緯を話してくれた。

「一九九四年五月でしたね。当時、大学生だった私はあるパーティーの席上、ビーレフェルト出身の学生と知り合いました。そこで私は『そんな町ないでしょ？』とからかったのがきっかけです。本当に単なるジョークですよ。とにかく存在感が薄い都市ですからね」

ヘルト博士はその話を、当時世に出たばかりのインターネット上に投稿した。ビーレフェルトなんて町は存在しない。そんな他愛もない話題で、せいぜい数週間で忘れ去られると思ったという。だが、これが予想外に広まった。九〇

買い物客でにぎわうビーレフェルトの中心街。2013年２月

年代、インターネットが一般市民に徐々に浸透していく黎明期に起きた「ネット上の拡散」の先駆けの一例と言えるかもしれない。

「もしこれが七〇年代や八〇年代のネットがなかった時代なら、この程度の噂は広まっていませんよ。それは確かです」

このジョークがドイツ人に受け入れられたのには理由がある。くだらない話と言ってしまえばそれまでだが、博士が言うように、背景にはビーレフェルトという町の「絶妙な存在感の薄さ」がある。戦後の旧西ドイツの復興を支えたルール工業地帯と、ハノーファーやブレーメンといった比較的有名な都市の間に位置し、ただ単に「通過するだけ」の人も多い。人口三〇万とそれなりの規模はあるものの、第二次大戦で激しい爆撃を受けたため、歴史的名所にも乏しく、ビーレフェルトだけを目的に訪れる観光客は少ない。よく聞く名前だが実際に行く用事はない。それが平均的なドイツ人の感覚だろう。こうした条件が重なり、「実は存在しない」という都市伝説がちょっとした真実味を帯びてしまった。

これが「ビーレフェルトの陰謀」だ。

ユッカパームの蜘蛛

ヘルト博士はその後、怖い思いもしたという。

ある日、家のドアを開けると、見知らぬ男性が立っていた。この男性は世の中の陰謀論を信じ切っていて、博士に自分の話を聞いてほしかったという。

「ドイツ政府と結託した歯科医が、自分を医学の実験台にしようとしている」

男性はそんな妄想を抱き、自分は追われていると語った。そして「ビーレフェルトの陰謀」を暴露したヘルト博士なら、自分の置かれた状況をきっと分かってくれると信じ、相談に訪れたという。

「ビーレフェルトの陰謀を真剣に受け止めてしまう人々には、二種類あります。まず、この男性のように本気で信じてしまうタイプ。そしてもう一つは、私が本気でビーレフェルトが存在しないと思っていると考える人たちです。こうした人々は、私自身を頭のおかしい異常者だと信じているんですよ」

博士はドイツという国を、口コミのプロパガンダや噂話が広まりやすい国だと評する。もちろん噂話はどの国の人も「大好物」だが、特にドイツはその傾向が強いと信じているという。

「知ってる？　こんな話を聞いたんだよ……。そんな会話を実によく聞きますよ。あの世界的に有名な『ユッカパームの蜘蛛』の都市伝説は、今でも繰り返し語られていますね」

博士はドイツの代表的都市伝説として、「ユッカパームの蜘蛛」を挙げた。すでに八〇年代には広まっており、現在も時折語られる息の長い話だという。

確かに、筆者が知り合いのドイツ人に「知っている都市伝説を聞かせて」とせがむと、今でもよく例に出されるのがこの話だ。ヘルト博士も偶然、同じ話を持ち出した。

日本でも有名な話なので、知っている方も多いだろう。ちなみにユッカパームとは観賞用植物の一種で、日本では「糸蘭」と称される場合もある。

それはこんな話だ。


ドイツ中部カッセルに住む女性が、ユッカパームの鉢植えを知人からもらった。自宅の部屋に飾り、水をやると、植木鉢からカサカサ、キーキーという音が聞こえる。

不審に思った女性が市役所に電話すると、防護服を着た二人の職員がやって来て、植木鉢を持ち去った。その後、職員から電話があった。

「あなたは運が良かった。植木鉢の中には毒グモが巣食っていたのですよ」

ビーレフェルトをネタにして笑いを取っているメルケル首相。ついに一国のトップまでも「陰謀論」に言及した。2013年9月

ドイツではもはや「古典」の部類に属している有名な都市伝説で、ドイツの民俗学者ロルフ・ブレードニヒの著書のタイトルにもなっている。この伝説が広まった八〇年代はまだネットが普及していなかったが、そうした八〇年代と九〇年代の両方の若者文化の空気を知るヘルト博士は、ドイツ人の「話したがり」の気質が都市伝説拡散の背景にあると考えている。

元首相までも陰謀論の一部に

ビーレフェルトの都市伝説は、すっかり「ネタ」として定着した感がある。二〇一二年一一月には、メルケル首相までもが講演でこの話を

メルケル首相の前任、シュレーダー元首相も「ビーレフェルトの陰謀」に巻き込まれた。2011年9月

ネタにした。

「私はビーレフェルトに行ったことがあります。もしそれが、本物のビーレフェルトだったらの話ですが……」

こう話して首相は爆笑を誘った。ドイツの政治家の間では、すでに「笑いを取れる」ネタとして認識されているのだ。

実はこの陰謀論、もう一人の首相経験者も登場する。それがゲアハルト・シュレーダー元首相だ。元首相は青年時代、ビーレフェルト市の高等補習学校に通い、大学入学資格を得た経歴を持つ。ネット上では「この学校も実は存在しない」などと騒がれている。南ドイツ新聞は「シュレーダー氏までもこの陰謀論の一部になってしまった」と伝えた。

ビーレフェルトに鉄道で向かう途中、たまたま同市在住という五〇代女性と隣席になった。この伝説については当然知っていたが、「全然いい気はしない。結局、バカにされてるんだから」と少し怒り気味だった。

だがビーレフェルト市役所サイドは、むしろこの話を歓迎している。市の広報事業などを請け負うビーレフェルト・マーケティング社のハンス＝ルドルフ・ホルトカンプ代表は話す。

「ビーレフェルトの陰謀論は、むしろ大歓迎ですよ。市の売り込みに好影響があるのは間違いないです」

ビーレフェルト市役所や同社は二〇一四年の市制八〇〇周年式典のロゴにも「ビーレフェルト八〇〇年」の下に「けれど、そんな町はない！」と自虐的なサブタイトルを入れた。むしろ積極的にこのネタを使い、地元をPRしようという試みだった。

ホルトカンプは言う。

「ネタを聞いてどう思うかは世代によって分かれるでしょうね。市民はたいてい自分たちの故郷を説明する時、サッカークラブのアルミニア・ビーレフェルトか、ビーレフェルトに本社を置く世界的食品メーカーのエトカーを挙げていました。陰謀論については不快に思う人もいるでしょう。でも多少のユーモアを解する人なら、この陰謀論はビーレフェルトを紹介する話の糸口になりますよね」

サッカークラブ名の「アルミニア」は、ビーレフェルト近郊のトイトブルクの森で古代ローマ帝国を撃退したゲルマン人将軍のアルミニウスにちなんだものだ。勇壮な名前を持つチームだが戦績はぱっとせず、ドイツのプロサッカーリーグ「ブンデスリーガ」の一部と二部を行ったり来たりしていて、時には三部に降格することもある。この存在感の微妙な具合も、実にビーレフェルトらしいと言える。

国内に一万人いる「帝国市民」

ここでビーレフェルトの名誉のために言えば、雰囲気自体は活気のあるいい町だ。大学やサッカークラブがあるせいか若者も多く、他のドイツの都市に比べても明るい印象がある。ビーレフェルトの陰謀は、こうした若い世代が楽しんで広めているせいもあり、一国の首相までもが安心して「いじる」ことができる話題として定着している。

だが同じように「地域」「場所」の概念をテーマとしながら、ドイツの治安当局から危険視されている陰謀論がある。

それが「帝国市民」（ライヒスビュルガー、Reichsbürger）だ。

ナチスの崩壊、そして米英仏ソの連合国による占領統治を経て、戦後のドイツは国土が東西に分断された。一九八九年のベルリンの壁崩壊を経て一九九〇年に統一され、一つの国家として歩み始めたが、「今なおドイツは政治も経済も完全に米国に支配されており、とても正統な国家ではない」と信じる人々がいる。

彼らが憧れるのは、現在のポーランド北部やロシア領カリーニングラード辺りまでの広大な領土を支配していた一九三七年ごろのナチス時代のドイツ帝国だ。その領土こそ「正統」とみなし、自身を「帝国市民」と称している。

筆者がベルリン支局に勤務中、彼らの言動はしばしば話題になった。二〇一二年にはドイツ東部ヴィッテンベルク市でコックの男が自身を「正統な帝国の王」と称し、戴冠式《たいかんしき》を行った。男は現在のドイツ国家に正統性を認めていないため、当局に関係なく無許可で健康保険業も営み、何度も警察沙汰になっている。

二〇一四年一二月には、ドイツで発行された公式の運転免許証を持たず、「プロイセン発行」と記した偽の免許証で車を運転していた四六歳の男が警察に検挙された。この男も「帝国市民」の支持者だった。

「ドイツは米国に操られている」との主張は、この手の陰謀論が好きな人にとっては一種の定番ともいえる筋書きだ。日本で何か大きな事件があれば「全て米国の陰謀」と訳知り顔で話す人々の話とよく似ている。日独とも第二次大戦の敗戦国で、戦後の西ドイツも連合国の占領を経験しており、陰謀論の背景にはだいたい「後ろで糸を引いている」黒幕の超大国・米国の存在がある。

だが二〇一三年には、この陰謀論に一定の説得力を持たせてしまう事件が発覚した。情報機関・米国家安全保障局（ＮＳＡ）によるメルケル首相の携帯電話「盗聴」疑惑だ。同

東西冷戦期、米国家安全保障局（NSA）が旧西ベルリンに設置していた通信傍受施設の跡地。「ドイツは今も米国に操られている」との陰謀論を信じる人もいる。2013年８月

盟国の首脳の会話を米国が組織的に盗み聞きしていた疑惑がメディアに報じられたことで、「やはりドイツは米国に支配されている。主権国家ではない」と信じてしまう人々が増えた。

二〇一六年一〇月には死者も出た。バイエルン州で「帝国市民」を名乗る四九歳の男が、猟銃の不法所持容疑などで強制捜査に入った警察官に発砲する事件があり、撃たれた警察官が死亡したのだ。

公安機関・ドイツ憲法擁護庁が二〇一七年七月に公表した報告書によると、こうした「帝国市民」は現在ドイツ国内に約一万人いるという。源流は東西冷戦期にまでさかのぼり、一九八五年に西ベルリンの鉄道職員が結成した団体が「帝国

市民」運動の先駆けらしい。

憲法擁護庁のマーセン長官は二〇一七年五月、「帝国市民」による暴力行為が増加しているとの懸念を示した。そのうえで特に注意すべきこととして「この運動の支持者の中に、銃の所有を許可された者が七〇〇人以上もいる」点を挙げた。

極右思想との親和性

架空の町や国を巡る都市伝説で、「ビーレフェルトの陰謀」がいわばジョークの範疇として純粋に楽しめる話なのに対し、「帝国市民」は明らかに反社会的行為をする人が続出しているため、笑い事では済まされない後味の悪さがある。

二〇一四年一〇月三日、ドイツの音楽ファンには驚くべき出来事があった。

ドイツの統一記念日のこの日、ベルリンの連邦議会近くで「帝国市民」の集会が開かれた。筆者もこの集会現場を訪れたが、そこでは黒い鷲が描かれたかつてのプロイセン帝国の旗などが振られていた。そして集会には人気ソウルシンガーのゼイヴィア・ナイドゥーが参加し、こう演説したのだ。

「ドイツ西部のラムシュタイン米空軍基地から飛び立つ無人機が、人殺しに使われている。ドイツがこれを支えているなら、それを止めることはできないのか、私は自問している」

そう述べたナイドゥーは、米国を支えるドイツ政府を暗に批判した。

通常、どの国も自らの軍事機密を積極的に詳述することはない。だが米国はこのラムシュタイン空軍基地については「対テロ戦争に使う無人機の出撃拠点ではない」と説明し、戦闘員の殺害目的ではなく、あくまで活動の監視用などに使用していると主張している。とはいえ、やはり中東やアフリカでの実戦に使われているとの疑念は消えず、市民からは「米国の戦争にドイツの基地が使われ、殺害行為に加担している」との疑念の声も上がっている。

ナイドゥーはドイツ南部マンハイム生まれだが、両親は南アフリカ出身で、インド系やアイルランド系のルーツも持つR&B界のスターだ。この超人気シンガーのナイドゥーが「帝国市民」の集会に参加した様子は盛んにメディアで報じられた。

筆者も代表曲「ディーザー・ヴェーク（この道）」が好きで、CDのアルバムも買い、ベルリン市内の自宅から職場近くに向かうバスの中でよく彼の曲を聞きながら通勤していただけに、その言動にはやや驚いた。ただ、この発言だけ聞く限りでは、平和を愛するミュージシャンの一意見として特段の問題はないと個人的には思う。だが厄介なのは、この「帝国市民」運動が極右思想と親和性が高いことだ。彼らは現在の国家による権威を否定する。さらに過激化すれば、国家転覆などのテロ思想に共鳴していく。

移民を排斥する動き

興味深いことに、ラムシュタイン基地は政治的に左右双方から度々批判の対象となる。この集会のように「米国に操られている」と主張する「帝国市民」は右翼的な思想だ。一方、ドイツ連邦議会に議席を持つれっきとした国政政党の「左派党」も「国際法違反の殺害目的に使われている」と主張し、平和主義的立場から基地の閉鎖を要請している。

テロに詳しい学者は「どこにも存在しない国を信じるのは自由だが、彼らはそれを現実社会の中で主張し始めた。もう純粋な都市伝説の域を超えている」と話す。そして、「背景には難民の増加もある。拝外主義的な空気が生まれている今のドイツを体現している」と分析する。

筆者の娘はベルリン市内の公立小学校に通っていたが、クラスには中東からの移民の子も多かった。国際都市ベルリンはもともと移民に寛容な雰囲気がある。娘が四歳から五歳まで通った幼稚園では毎週月曜、親が交代で園児約二〇人分の朝食を用意した。だがトルコ系の子供など豚肉を食べないイスラム教徒の家庭も多く、先生が各家庭に対し「豚のハムは遠慮してください」と通達を出してきたことがある。当時、ハムが大好物だった幼い娘にこの背景を説明するのは難しかったが、きちんと相手の宗教的立場にも配慮し、社会

ベルリン・クロイツベルク地区には多くのイスラム教徒が住む。国際都市ベルリンは移民の町でもある。2012年２月

反移民を掲げて結成された新興政党「ドイツのための選択肢」の結党大会に集まった支持者。2013年４月

全体で移民の子供も見守っていく雰囲気がベルリンの良さだと感心した。

しかし最近は徐々に事情は変わりつつあるようだ。

イラクやシリア、アフガニスタンなどの紛争地から「豊かなドイツ」を目指して流入する難民が二〇一五年ごろから急増した。同時に移民を排斥する動きもドイツで強くなっている。そして二〇一七年のドイツの連邦議会選挙では、ついに「反移民」を掲げる新興政党「ドイツのための選択肢」（ＡｆＤ）が議席を獲得し、初めて国政に進出した。

「帝国市民」運動はこうしたドイツ社会の空気を色濃く反映している。かつての広大な版図を懐かしみ、今のドイツは真の国家ではないと主張する人々は、もはや従来の「少しおかしな人たち」のレベルでは済まなくなっている。都市伝説や陰謀論が時に「娯楽」と「危険思想」の境界を行き来することを、ドイツの例が教えてくれる。

存在感の薄い町

さて、ビーレフェルトのように「存在感のない町」というネタは、世界的に愛される小話でもある。日本でもお笑い芸人がよく佐賀県や栃木県の存在感の薄さを「いじる」のは有名だが、こうした町は世界中に存在する。

たとえば米国では、西部ワイオミング州がその筆頭だ。インターネット上では「休暇でワイオミングに行くんだ」「いや、そんな場所ないだろ」などという会話が山ほど紹介されている。山岳地帯に位置し、人口が約五八万人（二〇一六年）と米国五〇州で最も少ないため頻繁にネタにされてしまうが、東隣のネブラスカ州も同じように存在が疑われる州となっている。

スペインでは、テルエル県の県都テルエルがこうした役回りになっている。ここもワイオミング州などと同様に山がちで、海抜は九〇〇メートルを超す。県都でありながら知名度がないことから、テルエル市当局は一九九九年に「テルエルは存在する！」というキャンペーンを始め、投資拡大を盛んに訴えた。

英国では連合王国を形成するイングランド、スコットランド、北アイルランド、ウェールズのうち、ウェールズが「存在しない」とネタにされる。実際、二〇〇〇年代には米CNNテレビや欧州連合（EU）が英国の地図や統計を出した際、ウェールズの存在を忘れてしまうことが相次いだ。このためジョークが好きな国民性で知られる英国の新聞は「いえ、ウェールズなんてありませんよ」（テレグラフ紙）などと面白おかしく、自虐的に報じることがあった。

国自体の存在が疑われているのがベルギーだ。首都ブリュッセルはEUやNATO（北大西洋条約機構）の本部がある国際都市だが、ベルギーという国自体になると存在が怪しいと言われ、ネット上でもこの話題で盛り上がっている。確かに「ベルギーは、誰もベルギーがどんな国か知らないことで有名」と自嘲気味に話すベルギー人に会ったことがある。逆説めくが、世界中の「存在感の薄い町」は、裏を返せばそれなりの知名度があるという証左でもある。本当に存在感がなければそもそもジョークの対象にすらならない。陰謀論を逆手に取り、地元をPRするネタとして使うビーレフェルトの人々はたくましい。こうしたネタが報じられ、「ある」「ない」との議論がネット上や口コミで拡散されることで、確実にその町の知名度は上がっていくことになるのだ。

ベルギーの首都ブリュッセルの広場「グランプラス」は壮麗な建物群で有名な観光地。だが都市伝説ファンはベルギーの「存在」を疑問視する……。2014年6月

バルト海のアトランティス大陸

「あるのに存在感がない」ビーレフェルトのような町がある一方、逆に「ないのに存在感がある」町もある。

史実として確認できたわけではないが、この世に存在したという伝説だけは根強く残る町、それが一〇〇〇年ほど前にバルト海にあったとされる幻の都「ヴィネタ（Vineta）」だ。「北ドイツでは、おそらくビーレフェルトより有名だよ」というドイツ人もいる。

かつて大西洋にあったとされる伝説のアトランティス大陸や、太平洋のムー大陸、はたまた日本の邪馬台国のような位置付けかもしれない。実際、よくドイツのメディアでは「バルト海のアトランティス」などと表現される。そしてこの言い回しは、謎や伝説の愛好家には実に魅力的に響くのだ。

ヴィネタは一〇世紀から一一世紀ごろにかけて、ドイツとポーランドの海沿いの「どこかにあった」とされている。言い伝えによると、ヴィネタは交易で栄え、人々は山海の極上の料理を楽しみ、純金で作られた杯でワインを飲み明かしていたという。馬の蹄にさえ純金を惜しみなく使い、豚の飼料桶までもが金だった。贅沢な日々が続き、人々はやがて感謝の気持ちを忘れ、傲慢で欲深くなってしまった。

やがて海から人魚が現われ、こう叫んだ。

「ヴィネタ、ヴィネタ、富み栄える町よ。邪悪になったヴィネタは、海の底に沈まなくてはならない」

その直後、高波が町を襲い、町は海に沈んでしまった。

ヴィネタでは町の鐘もすべて金や銀で作られていたという。このためバルト海の漁師の間では、今も風の吹かない静かな日は、水中に沈んだはずの鐘の音が海の底から聞こえてくると噂されている。

こうした黄金都市の描写は、まるでマルコ・ポーロが『東方見聞録』の中で紹介した黄金の国ジパングのようでもある。おごり高ぶった人々が大洪水で滅ぼされるストーリーは、どことなく旧約聖書の「ノアの方舟」をも思わせる。

ヴィネタのことを指す記述はすでに一〇世紀の書物に出てくるという。歴史学者クラウス・ゴルトマン博士らの著書『ヴィネタ』などの研究書によると、当時のスペイン南部を支配していたイスラム王朝の後ウマイヤ朝の外交官で、コルドバ出身のイブラヒム・イブン・ヤクブが九六五年ごろにこう記している。

「彼らは世界の海の中でも有数の巨大都市を持っている。その都市には城門が一二カ所ある。港もある。彼らはメシェコとも戦い、その軍隊は強力だ」

メシェコというのは、当時のポーランド王のミェシュコ一世とみられる。この「巨大な都市」というのがヴィネタを指すという。

その約一〇〇年後の一〇七六年ごろ、ブレーメンの司祭で歴史家でもあったアダムは『ハンブルク教会年代記』の中でヴィネタに言及している。アダムはここで、町の場所をかなり明確に記している。

「ルティツェンの東、オーデル川の河口近くに、壮麗な都がある。住民はスラヴ人やその他の民族で、北方のあらゆる品物がそろっている。この町からは、船でデミンに渡れる。デミンには多くのラーン人（西スラヴ族の一種で、バルト海沿岸にいた民族）が住んでいる」

オーデル川とは、現在のドイツとポーランドの国境を流れる川だ。地図を見ると、確かにオーデル川河口の北西約一一〇キロにはデミンという町が今もある。現在も使われている地名が正確に登場することから、このアダムの記述は歴史家の間では重要資料とされている。当時、ヴィネタはユムネ（Jumne, Iumne, Uimne）などとも呼ばれていたらしい。

さらに約一〇〇年後、幻の都について新たな情報が記される。一二世紀後半にスラヴ人の年代記を執筆した牧師ヘルモルトは、ヴィネタについて「過去形」で記述し、この時点ですでに町が存在していないことを明示した。

「デンマーク王がこの豊かな土地に艦隊を送って攻撃し、町は完全に破壊されてしまった」

話を総合すると、ヴィネタは一一世紀ごろまで「バルト海のどこかにあった」都で、「オーデル川の河口近く」がその候補ということになる。

一体どこにあったのか。

実在する「海に沈んだ町」

歴史家たちはこれまで、オーデル川の河口のシュチェチン湾に位置するポーランドの「ヴォリン」や、ドイツとポーランドの国境にまたがる「ウーゼドム島」を候補地と唱えてきた。

そして近年は、オーデル川から約一五〇キロ西の「バルト」（Barth. バルト海のドイツ語の Baltische See とは発音が異なる）という都市がその有力候補とされ、前述のゴルトマン博士らが一九九〇年代以降、この新説を支持している。

「オーデル川の河口部分は一二世紀ごろまで現在よりずっと西側に位置しており、ちょうど現在のバルト市付近が河口に当たります」

ベルリンで取材に応じたゴルトマン博士はそう話す。確かにそれなら「オーデル川の河口近くの壮麗な都」という地理的条件に一致する。

昔、幻の都「ヴィネタ」があったとされるバルト市の駅。2014年8月

だが「バルト市説」には弱点もある。それは遺跡が出ていないことだ。当時の人々の居住跡などの具体的証拠が発見されていないのは、考古学上、大きな弱点だ。博士はこうした点について「ナチスの時代、バルト市には飛行場がありました。この建設のため当時の地層が掘り返され、貴重な証拠物がもう残っていない可能性もあります」と指摘する。

ゴルトマン博士らが新説を発表した九〇年代以降、バルト市は「ヴィネタの町」を自称するようになった。筆者は二〇一四年の夏のある日、ローカル線に揺られてバルト市まで足を延ばした。

赤レンガの駅舎がかわいい小さな駅に降り立つと、かすかに潮の香りが漂ってくる。伝説の故郷を自称するだけあって、駅の案内所

バルト市の海岸沿い。2014年８月

に差し込んであったパンフレットにも「ヴィネタの町バルト」の表記があった。

駅前の通りを左に向かって一〇分ほど歩けば、その名も「ヴィネタ博物館」がある。戦後は警察署や旧東ドイツ政権与党の建物として使われていたが、ドイツ統一後、博物館として生まれ変わった。北ドイツ出身の画家の展示がメインで、ヴィネタ伝説に関するコーナーは屋根裏部屋のような最上階にあった。パネルで「ヴィネタ＝バルト市説」の経緯が丁寧に説明されている。ゴルトマン博士が出演して解説するビデオも流れていた。

目を見張るような展示があるわけではなく、伝説の町を自称するにしては素っ気ない。だが考古学上の発見もなく、あくまで「都市伝説」の範疇にとどまる話をＰＲするとなれば、この程度の慎ましい姿がちょうどいい気もする。

ヴィネタ伝説は広く北ドイツに流布している。別の取材で立ち寄ったバルト海沿岸のグライフスヴァルトに住む三〇代の女性は振り返る。

「子供の頃、この伝説をよく祖父から聞いて育ちました。特に鐘の音が夜になると鳴り出す、という話は、子供心にとても怖かったのを覚えています」

実は北ドイツにはヴィネタと同様に「海に沈んだ町」がもう一つある。バルト海ではなく、ユトランド半島の西側の北海にあるルングホルトだ。

ただしこちらは、実際にあった「史実」とされている。現在のドイツ北部フーズムの沖合あたりで一三六二年、巨大な高波が発生し、ルングホルトという町が海に飲み込まれた。長い間これはただの伝説と思われていたが、一九世紀後半以降、堤防や水門の跡らしきものが地元で見つかり、一九二二年に人工建造物と確認されてからは存在が信憑性を帯びてきた。地元の研究家アンドレアス・ブッシュらの調査により、現在はルングホルトの実在は間違いないと考えられている。

一九世紀のドイツの考古学者シュリーマンは、ホメロスの詩に出てくる伝説の都市トロイアの実在を信じ、遺跡を発掘することでその存在を証明した。考古学の世界では、やはり「物証」が何より重要だ。ルングホルトはその実在がほぼ証明されたが、ヴィネタはまだその手前の段階だ。「ウソかホントか分からない」都市伝説の典型的な例ではあるが、その場所探しは日本の邪馬台国と同じようなロマンがあり、多くの研究者を惹きつけている。

杉沢村伝説

ドイツの話から大幅に脱線してしまうが、最後に「どこにもない町」の都市伝説の一例として紹介したい日本の話がある。

筆者は四年間のベルリン特派員生活を終えて二〇一五年に帰国した後、次の勤務地として青森支局に赴任した。青森県は実に豊かな民間伝承に彩られた地だ。現在はだいぶ世俗化・観光地化されているとはいえ、下北半島の霊場・恐山で死者の「口寄せ」を行うイタコのようなシャーマニズム的習俗も健在だ。

そんな青森に、実在しない町の伝説が流布していた。

こんな話を聞いたことがないだろうか。

ある村で、住民全員が惨殺される殺人事件があった。やがてそこは廃村となり、地図や公式の文書からも名前が消された。それが青森県にあった「杉沢村」だ。

この伝説は一九九〇年代以降、インターネットなどで話題になり、近年は映画化もされている。

農村の集落で起きる大量殺人といえば、一九三八年に岡山県で起きた「津山事件（津山三〇人殺し）」を思い浮かべる人も多いだろう。二一歳の青年が集落の住民三〇人を銃や斧で次々に殺害するという犯罪史上まれに見る凶悪な事件だ。自身の肺結核が分かり自暴自棄になった青年が、失恋や、自身につらく当たった村人への復讐から決行したとも言われるが、犯行後に青年は自殺したため、真の動機が本人の口から語られることはなかった。

この事件は横溝正史の小説『八つ墓村』のモチーフにもなり、全国にその名を知られることになる。

だがなぜ似たような話が岡山県から遠く離れた青森県に残っているのか。

地名を調べてみると、旧浪岡町（現青森市）には江戸〜明治期に杉沢村と呼ばれた地区が確かにあった。今も青森市内には「青森市浪岡杉沢」の地名が残る。

この地区出身の三〇代の男性に聞いてみると、「二〇年以上も前の小学生の頃、伝説を耳にしました。でも祖父母に聞いたら『そんなのただの噂話』と一蹴されましたよ」と笑う。青森市役所浪岡庁舎の職員らもこの話を知っていたが、この地区で大量惨殺事件が起きた事実はないという。

八甲田山系にある鳥居。ネット上では「ここが杉沢村の入り口」などの書き込みも見られる。2015年７月

青森県の南部に位置する旧福地村（現南部町）にも「杉沢」の地名がある。南部町教育委員会に尋ねると、ここでも「時々、同様の問い合わせがありますよ。でも大量殺人の史実はありません」との答えが返ってきた。青森県には三戸町にも杉沢という地名があるが、同様に集落の住民が丸ごと殺害されるような事件があった過去はない。

「呪われた村」の伝説はいかにも若者が好きそうな話で、ネット上にはその類の書き込みであふれている。その中の一つに「杉沢村を見つけた」との内容があった。目印として「入り口に鳥居があり、その下に石がある」という。

それは青森市の八甲田山系の道路沿いにあった。ある夏の日、その場所に車を走らせてみると、確かにそれらしき場所が見つかった。木立の中に鳥居が姿を現し、その下には石もある。周辺の地名は「青森市小畑沢小杉」だ。「杉」の字が入っている。昼なお暗いスギの林道を奥に進むと、空き地が広がり、残土処理をするクレーン車があった。作業員の五〇代の男性は少しだけ「伝説」を知っていた。

「昔、この辺りで人殺しがあったと聞いたことがあります。でも噂話でしょ。もう何十年も前の話だよ」

『角川日本地名大辞典　青森県』によると、この地区は「昔は家数六〇軒余、人数も三〇〇人余だったが、天明の飢饉で離散し、戸数が減った」といった「国誌」の内容が記されている。もしここが杉沢村だったとしても、消滅は殺人ではなく飢饉だった可能性が高い。「青森県警察史」などの資料を見ても、県内で集落が住民ごと殺害されたという記録は見つからなかった。

ではなぜ青森県で杉沢村伝説が流布したのか。

一つのヒントといえるのが、県内で戦後に起きた「ある事件」だ。青森市の図書館で昔の地方紙を調べていると、陰惨な殺人事件の存在に行き当たった。

津軽地方の新和《にいな》村。すでに現在は弘前市に編入されて消滅しているが、この村で一九五三年、農家の三男（当時二四歳）が父親らを猟銃で射ち、火を放つなどして一家八人を殺害する事件が起きた。三男はこのうち七人の殺害について起訴されたが、心神喪失状態とされ、仙台高裁秋田支部で無罪が確定する。だがその後、なぜか同じ村の同じ集落でわずか三年の間に、肉親を殺害する事件が次々に起きた。「またこの地区で人殺し」。当時の新聞は、集中的に同じ集落で続く殺人に戦慄する様子を伝えている。

もちろんこの事件が直接、杉沢村伝説に結びついたかどうかは分からない。だが忌まわしい記憶が重なり、「青森で実際にあった大量殺人の村」という史実を基にして、杉沢村が誕生した可能性もある。

八甲田山の怪現象

杉沢村伝説との直接の関連はないが、筆者が車で訪れた八甲田の鳥居の付近は、日本史上最悪の山岳遭難事件が起きた悲劇の地としても知られている。日露戦争前、旧日本陸軍はロシアを相手に極寒の地でも戦争を遂行するための訓練として、「雪中行軍」を計画した。一九〇二年一月、第八師団歩兵第五連隊が青森市街を出発し、雪の八甲田山踏破を目指した。しかし猛吹雪にあい、二一〇人中一九九人が死亡する大惨事となった。世にいう「八甲田山雪中行軍遭難事件」で、小説や映画にもなっている。

この付近では今も夜になると、どこからともなく軍靴の音が聞こえるという。新田次郎の『八甲田山死の彷徨』（新潮社）の「取材ノート」にも亡霊の話が紹介されており、地元では現在も怪現象が起きると伝えられている。そんな怪談を聞いた後、筆者は何度か夜中に八甲田山方面に車を走らせてみたが、結局いつも途中で引き返した。怖い話が好きなくせに、人一倍小心者で臆病な筆者にとって、夜中の八甲田行きは耐えられるものではなかった。

夏になると、今も杉沢村を探しに来る若者が後を絶たない。八甲田山系は前述のように心霊スポットといわれる場所も多く、マニアにとって格好のネタでもある。

幻の村は、こうして電脳空間と現実世界を行き来している。

話をドイツに戻す。

「ビーレフェルトの陰謀」も「ヴィネタ伝説」も、ドイツ人の想像力を刺激してやまない物語だ。ビーレフェルトは典型的な現代伝説で、ヴィネタは論争に長い歴史を持ち、考古学や歴史学の領域でもある。だがいずれもその実在を巡る論争を楽しめるところに都市伝説の面白さがある。趣はやや異なるが、日本でも杉沢村のように似た話があることを思えば、この手の伝説には普遍性があると分かる。

世界には「どこにもない町」が確かに「ある」のだ。

第四章

フリーメーソンの真実

職能組織から友愛団体へ

さて、本章では都市伝説の「本命中の本命」ともいえるフリーメーソン（Freemason）を取り上げてみたいと思う。

「世界を操る秘密結社」「謎の陰謀組織」との印象を持つ人も多いだろう。日本でも一九六〇年代に澁澤龍彦が著書『秘密結社の手帖』で紹介したあたりから、その名が一般にも広まったようだ。近年は小説、映画、テレビのバラエティ番組でも紹介され、広くお茶の間に浸透している。

フリーメーソンとは一体どんな集団なのか。

一言でいえば世界最大級の友愛団体だ。正確にはフリーメーソンとは各会員のことを指しており、団体としてはフリーメーソンリー（Freemasonry）が正式名称だが、本章では組織と個人を分けず、共にフリーメーソンと呼ぼうと思う。

現在、全世界の会員は約六〇〇万人と推計され、このうち大半は米国におり、残りは欧州を中心に浸透している。会員になるには別の会員の紹介を受け、適性審査を通過する必要がある。会員を統括するため、地域ごとに「ロッジ」と呼ばれる支部が設置されている。ロッジの上には国やその地域を統括する「グランドロッジ」があり、その責任者は「グランドマスター」と呼ばれる。

すごく分かりやすく表現すれば一種の「社交サークル」であり、身も蓋もない言い方をすれば、単にそれだけのことだ。だが単なる社交サークルが、どうして「世界を動かす」とまで噂されるようになったのか。

フリーメーソンのメーソン（mason）とは英語で「石工」「レンガ職人」の意味だ。古来、木造文化がメインだった日本と違い、欧州では人々が住む住居、城、教会、道路や橋もほとんどが石で作られた。このため石工はどの国でも重用された。特に軍事拠点の城を作る技術者は、いわば高度な機密を持つ「国防専門家」でもあった。

彼らは自分たちの知識を第三者に盗まれないよう気を配った。こうして石工たちは、信頼できる職人仲間だけで特定の場所に集まるようになり、徐々に秘密結社化していった。これがフリーメーソンの起源と言われている。要するに、昔は一定の職能や技術を持った人々による「選ばれし集団」だったわけだ。メーソンに加入すれば、おそらくその時代の最先端の知識を得ることができたのだろう。会員になることは名誉だったに違いない。

逆に身元がはっきりしない相手を簡単に迎え入れた場合、情報の流出が起きてしまう。このため正規メンバーは互いを認識する手段として、独特の合い言葉や握手方法を考え出していった。

石工たちが結束して作るグループの歴史は古く、ピラミッドが建設された古代エジプトにはすでに有能な石工集団が存在した。メーソンの歴史に詳しいオーストリア・インスブルック大学のヘルムート・ラインアルター教授の著書『フリーメーソン』によると、英語の Freemason との記述は、すでに一三七六年のロンドンの文書から確認できるという。起源については諸説あるが、現在のフリーメーソンの形になったのは一六世紀ごろのスコットランドやイングランドとみられている。

歴史上の重要な転換点は一六六六年に起きたロンドンの大火だ。市内の大半が焼けた後、復興のために建築関係者の結束がかつてないほど高まった。一七一七年六月二四日、ロンドンにあった四つのロッジの関係者が一堂に会し、一つの大きなグランドロッジを作った。これがグランドロッジの発祥で、この日を近代フリーメーソンの公式な起源とみる人も多い。

だが時代が下るにつれ、徐々に石工集団という本来の職能組織の意味合いはなくなり、建築に無関係の貴族や知識人も入会する友愛団体へと変貌していく。

とはいえ、かつての名残りは今もある。定規とコンパスを組み合わせた形がメーソンのシンボルマークだが、これは職人が建築物の設計をする道具だったためだ。メーソンの集会ではエプロンを着用するが、これも昔は石工の作業着だったことに由来する。

さて、ドイツにもメーソン会員は多いが、彼らと話すとよく話題になる別の団体がある。それが南部バイエルン地方で一八世紀に誕生した秘密結社「イルミナティ」だ。

本章では、ドイツにおける両者の奇妙な関係を考えていこうと思う。

取材申し込みはメールで

ベルリン特派員時代、筆者が都市伝説を好むことを知っている日本人の知人から「先週、ドイツ人のあるパーティーに参加したら、フリーメーソンという人に会ったよ」などと教えてもらうことがよくあった。どうもベルリンの町にはフリーメーソンがうじゃうじゃいるらしい。だが特派員生活が終わりにさしかかるまで、なかなか実際のメーソン会員と話す機会に恵まれなかった。

そこでフリーメーソンにいきなり取材をしてみようと考えた。が、そもそも取材など受け付けてくれるのか。

調べてみると、ドイツではフリーメーソンがホームページを開設しているのが分かった。このうち、ベルリンにあるグランドロッジ（Große Landesloge der Freimaurer von Deutschland）に電話をかけ、取材したいとの希望を伝えると、すぐにＯＫとの返事があった。そして取材申込書を送るよう指示され、フォーマットが添付されたメールが送られてきた。

紙二枚に報道の媒体（日刊紙、通信社、テレビ、出版社、ブログなど）の種類、取材者の職責（編集長、特派員、カメラマン、フリー記者、アシスタントなど）の種類、そして上司の名前を記入する。通常の国際会議の取材などと一緒で、こうした書類を取材相手にあらかじめ提出するのは海外特派員の仕事としては珍しくない。希望日時についてメールでやり取りした後、取材日程が決まった。

二〇一四年一〇月、ベルリンの並木が黄金色に染まる中、高級邸宅が建ち並ぶ南西部のグランドロッジを訪れた。近くにはベルリン自由大学の研究施設もあり、学者へのインタビューで何度か訪れていたエリアだ。

レンガ造りの古い邸宅だった。石柱の金看板にはちゃんと「Freimaurer」（フリーメーソン）の表記があり、秘書室につながるボタンがある。到着した時はすでに門が開いており、ちょうど中に入ろうとしていたスーツ姿の身なりのいい中年男性から「お約束ですか。一緒に入りましょう」とにこやかに誘われた。いざボタンを押す段階で急にドキドキしてきた筆者にとって、ありがたい申し出だった。

敷地の中庭は広く、正門にはメーソンの旗があった。メーソンのシンボルの一つとされる定規とコンパスのマークは目立たず、見つけるのに苦労した。

ベルリンにあるフリーメーソンのグランドロッジ。2014年10月

重厚な調度品が並ぶグランドロッジの中。2014年10月

中は貴族階級の邸宅といった趣で、肘掛け椅子、暖炉《だんろ》などの調度品もすべて年季が入っており、つやつやと黒光りしている。天井から吊り下げられたシャンデリアの二〇個近い電球も全て点灯していて、手入れをしているのがよく分かる。部屋の隅には石膏の胸像や彫像がさりげなく置かれており、高級趣味の威圧感があった。

ここで筆者は、グランドマスターと面会することになっていた。

ドイツに在任中、大物政治家のインタビューなどを除けば、支局のドイツ人助手を伴わずに筆者はどこでも一人で取材に行くのが好きだった。好きな時にローカル線やバスに乗り、好きな時に食事をして、取材が終われば旅行気分で町をふらつく。同行者がいるとついつい気を遣ってしまうが、もともと一人旅が好きな筆者にとっては「一人での取材」が性に合っていた。決して筆者のドイツ語は上手なわけではないが、それでも助手を取材に連れて行くケースはあまりなかった。

ただこの日、暖炉のソファに一人座ってグランドマスターを待っている瞬間、なぜか急に不安になり、助手に来てもらえばよかったと痛切に思ってしまった。

新聞記者を二〇年以上続けていると、身の危険を感じる取材にも時々遭遇する。暴力団事務所でヤクザに囲まれたり、海外の戦場で爆音轟く中を取材したり、民族紛争の前線で兵士に銃を突き付けられたりした経験は、根が臆病で小心者の自分にとっては決して武勇伝などではなく、一刻も早く忘れ去りたい思い出だ。だがこの日、治安のいい先進国ドイツで、正式な取材手続きを踏んだ上で面会するフリーメーソンの紳士が、不思議なことにこれまで出会った暴力団員よりも戦場の武装勢力よりも数段怖い存在に思えてしまったのだ。おそらく前日までにさんざんフリーメーソンの資料を読み、陰謀論の数々を頭に叩き込んできたせいで、少し気が変になってしまったのだろう。真剣にほんの数秒だけ、自分は「とてつもない陰謀組織のドンにこれから会うのかもしれない」という妄想を抱いてしまった。今となっては笑い草だが、これが臆病者の習性だ。

不安な思いでソファに座っていると、案内役の男性がやって来て一〇分ほど雑談した。これでだいぶ落ち着くことができた。

この男性によると、メーソンはもともと英国起源のため、ドイツでは英国に近い北部ハンブルクなどから徐々に浸透していった。かつてはナチスの迫害を受け、その後、社会主義体制の東ドイツでは根づかなかったため、今もドイツ東部には浸透していない。そんなドイツ特有の事情を説明してくれた後、男性は筆者を二階に案内した。そして企業の重役室のような部屋に通された。

部屋の主はヘビースモーカーなのか、入室するとまずタバコのにおいが鼻を突いた。机の上には書類をはさんだバインダーが散乱している。

グランドマスターのシュトラスナー博士。「陰謀論は気にせず、むしろ楽しむ会員も多いですよ」と話す。2014年10月

白いあごひげを生やし、メガネをかけた大柄な白髪の男性がパソコン画面を見つめていた。この人がドイツ北部キール在住の医師、アヒム・シュトラスナー博士で、このグランドマスターだ。

簡単なあいさつをした後、取材は淡々と進んだ。筆者が一瞬だけでも「陰謀組織のドン」と思った人物は、拍子抜けするほど品のいい老人で、のりの利いたスーツやシャツが印象に残った。

メーソンとはどんな団体なのか。特定の政治勢力と結び付いて世界を動かそうとしているのではないか。そんな質問にも「よく聞かれます」と嫌な顔もせず、よく通る声で答える。

「まず政治的活動は一切していませんよ。断言します。物質的、金銭的な活動をする団体ではありません。社会的な活動をするライオンズクラブやロータリークラブとも違います。昔は石工職人のための組織でしたが、現在は象徴となってしまっています。今は人類のために、会員は人間としての自身を高めることが活動です」

あくまで友愛団体であって、政治的な人脈構築や商売上の利益を目的に存在しているわけではないという。規則はあるが、宗教のような教義も存在しない。活動内容については、「慈善、博愛的な行為を通じ、自身の人間性を磨く」という中身を説明してくれるが、素人にはその具体的な内容が分からない。地域でゴミ拾い活動をするボランティア団体のように、人々がイメージしやすい組織ではない。

現在、ドイツのメーソンは五つの大きなグループに分かれており、全部で約一万五〇〇〇人の会員がいる。従来、女性の入会は許されていなかったが、最近は女性向けのロッジもあるという。

メーソンには子供は入会できないが、成人は二一歳から許可される。個々の会員は年会費を支払っており、人によって異なるが、だいたい年間五〇〇ユーロ（約六万五〇〇〇円）前後だという。

もともと教会を建設した石工が起源のため、メーソンはキリスト教の影響を受けている。しかし会員になるにあたって制約はなく、カトリックもプロテスタントもいるという。現在、多くのメーソンは「宗教を問わない」との原則に基づき、キリスト教徒以外にもユダヤ教徒、イスラム教徒、仏教徒などを受け入れている。

政治との距離

政治との「距離」について聞いてみた。

「個々のメーソン会員は、あくまでその国の人々の人生を、前向きな言動によって変えようとはします。でもそれは間接的なものであって、直接的な政治ではありません」

シュトラスナー博士はそう話すが、かつてはドイツの指導層にメーソンが多かったのは事実だ。たとえばプロイセンの啓蒙専制君主フリードリヒ大王（一七一二〜一七八六年）はメーソンだった。

「確かにフリードリヒ大王は有名なフリーメーソンの守護者でした。しかし、それはたまたまです。そもそも当時の高位の人々には会員が多かったのです。最初から政治活動が目的でメーソンになったわけではありません」

実際、米国の初代大統領ジョージ・ワシントンを始め、歴史上の有力政治家が会員だったことはよく知られている。だが結果的にそうなっただけであって、最初から世界を動かす目的で政治力を持とうとしたわけではない。シュトラスナー博士はそう強調する。

「しかし今は、政治と完全に距離を置くのは難しくなっているのが現実ですね。たとえば米国では多くの政治家が自身をメーソンだと打ち明けています。政治的中立性を重視するなら、本当は告白しない方がいいですよね」。博士はそう苦笑した。

博士は二〇〇八年に当時のドイツの国家元首だったケーラー大統領（在任二〇〇四〜二〇一〇年）に面会したことを打ち明けた。

「ケーラー大統領はメーソン会員ではありません。でも非常にメーソンに興味を持っていました。面会の最後に、メーソンは現代社会で非常に重要な意味を持っていると述べていたのが印象的でした」

博士によると、筆者が取材した二〇一四年の時点でドイツのツートップだったメルケル首相とガウク大統領は、いずれもメーソン会員ではないという。

会員だったとされる著名人は数え切れない。取材中、博士から「この本が、メーソンについて実にコンパクトにまとまっていますよ。歴史上の人物もこの中に記されています」と渡されたドイツ語の本がある。日本の文庫本のようなサイズの入門書で、確かに読みやすい。

この本の記述や博士の話を総合すると、著名なメーソン会員にはまず前述のワシントンを始め、米国の大統領経験者だけでもセオドア・ルーズベルト、トルーマン、フォードが挙げられる。建国の父の一人で避雷針の発明で知られるベンジャミン・フランクリン、『トム・ソーヤの冒険』の作者マーク・トウェイン、初の単独大西洋横断無着陸飛行を成し遂げたリンドバーグ、自動車王フォード、「A列車で行こう」で知られるジャズ作曲家デューク・エリントン、西部劇の名優ジョン・ウェインも名を連ねていた。米国は特に多い。

英国では元首相チャーチル、名探偵「シャーロック・ホームズ」の生みの親の作家コナン・ドイルの名が出てくる。フランスは、パリの塔に名を残す設計技師エッフェル、思想家ヴォルテールがいる。一九世紀イタリア統一の英雄ガリバルディ、ロシア皇帝アレクサンドル一世もメーソン会員だった。世界史の授業で習う高名な人物が次々と出てくる。

そしてドイツだ。代表的な会員としては、まず二大文豪のゲーテとシラーが挙げられる。詩人ハイネ、作家ヘッセ、岩波文庫のモデルとなったレクラム文庫の創始者レクラムも会員だったという。

オーストリア生まれだが、作曲家モーツァルトとハイドンもメーソン会員だ。特にモーツァルトは代表作のオペラ「魔笛」の場面にメーソンの思想や儀式を描いたと噂された。こうしたことから、以前は「モーツァルトはメーソンの秘密を漏らしたために暗殺された」との陰謀論も語られたが、現在ではこの説は根拠がない流言とされている。

メーソン内部のタブー

メーソンに入会するにはどうすればいいのか。

入会に際しては審査があり、一種の儀式、「テスト」のようなものを受けるという。これについては会員のみの秘密で、具体的な方法は教えてもらえなかった。ただ、人によって儀式は違うという。その内容は抽象的で「体験し、自身でその体験の意味を消化し、発揮する」ものだという。

そして唐突にシュトラスナー博士は、筆者が手にしていた万年筆を指差した。ドイツの文具メーカー「ラミー」の大衆用ブランド「ラミーサファリ」で、書き心地がよく愛用している薄緑色の一本だ。

「あなたは万年筆を持っていますね。それはあなたにとって、ただの筆記用具かもしれない。だがある人はそれを『芸術品だ』と言う。別の人は『素敵な色だ』と感じる。しかしまた別の人は『ひどい色だ。なぜそんな色にしたのだ』と言う。感じることは人によって違います。フリーメーソンの内部でも、このようなことが起きるとだけ言っておきましょう」

とにかく抽象的だ。ただ、人が何をどう感じるか。その個人の「感性」といったものが重要なのは確かなようだ。

分かりやすい「タブー」もある。自身がメーソン内部で「どのような経験を積んだか」

という内容については秘密にしなくてはならないという。

「メーソンが自分に何をもたらしたか。こうした個々の体験について語ることはいけません。それは個々の会員がそれぞれに持つ秘密事項です」

会員は、自身がメーソンと分かる何かを身に着けていることが多いという。このため会員同士は相手を認識できる。相手の言動や振る舞いから、この人はメーソンだと分かることも多いという。

「以前、ノルウェーのバーで飲んでいた時のことです。バーテンダーの話し方がどうもメーソンっぽいと思っていました。そこで私は、メーソンのマーク入りの指輪をはめた手を、これ見よがしにテーブルに置きました。私の指輪を目にしたバーテンは次の瞬間、グラスを二杯出し、『乾杯しましょう、兄弟』と言ってきました」

数多くの陰謀論が語られることについては、会員は特に気にしていないらしい。むしろ人気作家ダン・ブラウンが書くメーソンを題材にした本についても博士は「メーソンをよく書いてある部分が多いですよね」と評価している。

にこやかに話を続ける博士の声のトーンがやや変わったのが、本題の「イルミナティ」について質問した時だった。

「イルミナティ、来ましたね」

博士はにやりと笑った。

イルミナティとの関係

イルミナティとは、ドイツ南部のバイエルン地方を起源とする秘密結社だ。映画も大ヒットしたダン・ブラウンの著書『天使と悪魔』（越前敏弥訳、角川文庫）でも一躍有名になったが、この組織は創作ではなく、ちゃんと歴史上実在したものだ。

結社の名前は「イルミネーション」と同じ語源で、ラテン語で「光に照らされた人」という意味を持つ。このため、戦後に訳された日本語ではバイエルンの英語読みと合わせ、「バヴァリア啓明結社」「光明会」などと表記される場合もある。

イルミナティを作ったのは、ドイツ南部のインゴルシュタット大学の教会法教授だったアダム・ヴァイスハウプト（一七四八〜一八三〇年ごろ）だ。

ヴァイスハウプトの思想は急進的だった。人類は道徳的に自身を高め、私有財産や宗教の概念がなかった原始の時代に戻るべきだという訴えで、一種の原始共産主義とも言える。一七七六年、ヴァイスハウプトはインゴルシュタットにイルミナティを設立。二八歳の時だった。同じ年、大西洋の向こう側では米国が独立を宣言している。

人類の平等を説く一方で、組織は一〇階級前後の「位」に分かれていたらしい。メンバーは組織内で徳を積むことにより、階級を上っていくシステムだった。締め付けは厳しく、階級が上の者に対しては絶対服従を強いられたらしい。

イルミナティのメンバーには、当時の高名な作家で思想家のアドルフ・クニッゲ男爵がいる。クニッゲはもともとフリーメーソンの一員だったが、一七八〇年ごろにイルミナティに入会し、他の多くのメーソン会員も彼に追随した。こうしてメーソンからイルミナティへの移籍も増え、両者は「混同」されることが多くなったという。

君主政治を否定し、一種の無政府主義に通じるイルミナティの思想は権力者たちにとって危険なものだった。イルミナティは一時、バイエルン地方を中心に三〇〇〇人のメンバーを擁する組織に発展したが、一七八五年にバイエルン選帝侯からの解散命令を受け、消滅したとされている。実際の活動期間は一〇年にも満たなかった。

「イルミナティとフリーメーソンは全く別物で、無関係ですよ。そもそも思想が違います。メーソンの中にイルミナティが属していると勘違いしている人もいますが、歴史上、属したこともないし、今も属していません」

イルミナティに関する質問は多いらしく、シュトラスナー博士はそうきっぱりと説明する。

イルミナティ研究の第一人者

もう一つ聞いてみた。そもそも一八世紀に解散したというイルミナティだが、実はまだ存在しているのではないか。

「それは分かりません。少なくともイルミナティの会員という人物に会ったことはないですし、今なお組織が存在しているのか、私は知りません」

イルミナティに関しては、やや突き放した物言いが印象的だった。博士はイルミナティとメーソンの関係を示す映画『天使と悪魔』についても言及し、「面白くて、私も楽しんで見ましたが、実際には両者は全く違うものです」と関係を強く否定した。

筆者は以前、別の取材で近代歴史学に詳しいオランダ人学者をインタビューした際、彼が「イルミナティは存在する。今も彼らは一定の勢力を保ち、欧州政治に隠然たる影響力を行使している」と真剣に話していたのを思い出した。この学者は地位も名誉もあるオランダの地方名士で、博識で聡明な人だったが、こうした陰謀論を信じていることに驚いた。

イルミナティ研究の第一人者がドイツにいる。歴史学者ラインハルト・マルクナーで、イルミナティに関する著書もある。

「実はイルミナティ創設者のヴァイスハウプト自身、フリーメーソンの会員でした。イルミナティの中で地位を高めたいと思えば、フリーメーソン内部で一定の修業を積むことが必要でした」

マルクナーはそう話す。つまり当時のフリーメーソンとイルミナティの関係は深かったらしい。

だがフリーメーソンのシュトラスナー博士がその関係については否定するように、メーソン会員にとって、わずか九年間で活動を禁じられた団体との関係が取り沙汰されるのは好ましくないのかもしれない。筆者はシュトラスナー博士のどこか突き放した言い方を思い出した。

イルミナティのエピソードとしてよく語られるのが、英国首相チャーチルが一九二〇年にイルミナティを糾弾し、国民に警戒を呼び掛けていたとの説だ。マルクナーは言う。

「イルミナティに関する知識は、当時の英語圏ではそれほど深く共有されていたわけではありませんでした。チャーチル自身はメーソン会員ですが、彼がどこまでイルミナティについて知っていたかは疑問です」

イルミナティが有名人と結び付く時、噂は増幅する。だが学問としてこうした分野を研究する学者にとって、一つ一つの検証はかなり難しいものになっている。マルクナーによると、ゲーテは有名なメーソン会員だったが、同時にイルミナティにも属していたという。

ところで、今もイルミナティは存在するのか。マルクナーはこう説明する。

「すでに消滅しており、あくまで歴史上の団体です。もっとも一八九六年ごろ、作家レオポルト・エンゲルがイルミナティを再興したという団体を作りました。この団体は一九三〇年代まで存続したようですが、詳細は不明です。ただ、これはあくまで本家のイルミナティとは関係がありません」

エンゲルが創設した「新イルミナティ」はドイツ東部ドレスデンに本拠地を置いていたという。エンゲルはヴァイスハウプトの思想に傾倒し、彼に関する本も書いていた。だがその時点で「本家」消滅からすでに一〇〇年以上が経過しており、二つの組織は全くの別物だという。

筆者はベルリン特派員時代、前述のオランダ人学者のように「イルミナティは今も存在する」と主張する人物によく会った。だがもちろん根拠はなく、よくよく問い詰めてみると、結局は「という噂だ」となる。

ナチスの弾圧

ドイツ南部バイロイトには「フリーメーソン博物館」がある。バイロイトは人口六万の小都市だが、音楽家リヒャルト・ワーグナーが活躍した地でもあり、音楽祭の季節になると世界中からワーグナーのファン、いわゆるワグネリアンがどっと集まってくる。

メーソン博物館は、新宮殿やワーグナー博物館といった名所が集中する庭園ホーフガルテンの一角に位置する。門柱には、バイロイト辺境伯フリードリヒの顔の彫像がデザインされた案内板がある。フリードリヒが一七四一年にここに創設したロッジは、一九六六年まで二〇〇年以上も続いた。それが現在のメーソン博物館だ。

庭園は散歩にちょうどいいたたずまいだ。博物館前の小道を市民がジョギングしている。博物館の入館料は二ユーロ（約二六〇円）。博物館といっても展示室は一部屋のみで、個人コレクションの部屋といった風情だ。メーソン会員が集めたバッジ、陶器など小物類が多く並べられ、メーソンに関する絵画も展示されている。

職員の女性によると、ワーグナーの町にある博物館ということから、ワーグナーもメーソンだったと考える人が世界中に多いという。

「同じくバイロイトゆかりの人物でも、フランツ・リストはメーソン会員でした。しかしワーグナーは違います。誤解している人が多いのですが」

例外なく、ここもナチス時代に弾圧を受けている。説明書きによると、一九三五年に博物館は閉鎖され、八万点もの品が没収されたまま行方不明になったという。戦後の再建を経て、今は欧州各地からメーソンのファンが訪れる博物館になった。博物館というよりグ

音楽の都バイロイトにあるフリーメーソン博物館。2014年12月

ッズの展示会といった感じだが、ファンには十分楽しい場所だ。館内の撮影は、写真を一般に公開せず、あくまで個人で楽しむことのみを条件に許可された。

友愛団体として世界中にメンバーを持つフリーメーソンだが、秘密結社としての伝統が長いため、ナチスに限らず、常に権力者から弾圧を受けてきた歴史がある。もともとメーソンはキリスト教の影響を強く受けてきた団体だ。だが秘密結社化していく過程で、特にカトリックの権威であるヴァチカン（ローマ法王庁）からは敵視された。

一七三八年、法王クレメンス一二世がフリーメーソンを「セクト」として禁じる宣言を出した。以後、カトリックとの暗闘は続き、ようやく名指しで非難を受けなくなったのは一九八三年のことだ。この年に発布された教会法では、反教会的な陰謀を持つ者は罰せられると宣言されているが、メーソン自体を批判する記述はなくなっており、これをもって「教会とメーソンの和解」とする指摘もある。だが教会とメーソンの確執は水面下で根強くあるとされ、こうした宗教との関係が今なお陰謀論の下地を作る要素となっている。

さて、バイロイトのメーソン博物館ではシンボルマークであるコンパスと定規をデザインしたネクタイも売っていた。二二ユーロ（約二八六〇円）。土産に買ってみた。

シュトラスナー博士の話が脳裏に浮かんだ。このネクタイを付けて酒場に行けば、会員のバーテンが一杯おごってくれるのだろうか。

第五章　異人へのまなざし

オルレアンの噂

欧州には、都市伝説の一つの古典がある。民俗学・社会学の世界では有名な「オルレアンの噂」だ。外国人や移民など「他者」への漠然とした不安心理を読み解く際の格好のテーマとなる話で、都市伝説の中でもポピュラーな部類に属するだろう。本章ではこの話を糸口に、ドイツ・欧州に流布する口承の噂を考えてみたい。

一九六九年、噂はフランス中部オルレアンで爆発的に広まった。オルレアンは一五世紀の百年戦争後期、フランスの少女ジャンヌ・ダルクがイングランド王国と戦った町としても知られる。

この噂話、日本でも「似た話」を多くの人が一度は耳にしていると思う。

それはこんな筋書きだ。

若い夫婦がブティックにやってきた。妻は試着室に入ったが、なかなか出てこない。しびれを切らした夫が試着室の中をのぞくと、妻は姿を消していた。妻は試着室の中で催眠性のある薬物をかがされ、試着室から地下へと通じる秘密の通路を使って、どこかへ連れ去られてしまったのだ。

当時、オルレアンのブティック経営者たちにはユダヤ人が多かったとされ、欧州市民の「反ユダヤ」感情が噂の形で爆発的に広まったとの分析がある。

この都市伝説はバリエーションが豊富な「定番」だろう。筆者は一九九〇年代の一時期、シンガポールで働いていたが、当時も東南アジア各地の在留邦人から以下のような話を聞いた。

日本人の若いカップルが新婚旅行で香港を訪れた。ショッピング好きの妻は早速、ブティックに入った。だが妻が試着室から出てこない。不思議に思った夫が思い切って試着室のカーテンを開けると、妻は跡形もなく消えていた。

現地の警察も捜索したが、行方は分からない。失意の夫は一人で帰国したが、数年後、出張で再び香港に来た。そして売春宿を訪れたところ、そこで廃人のような姿で売春婦をしていた妻と再会してしまう。

この話には、妻が手足を切られて見世物にされていた、などというおぞましいバリエーションもある。いずれも元ネタが「オルレアン」なのは明らかだろう。香港だけでなく、類話として舞台がバンコクや上海、その他インドの都市などに入れ替わることもあるが、構造はよく似ている。

本書のプロローグで紹介したドイツの「感謝するアラブ人」の話も、ユダヤ人経営者のブティックから女性が消える「オルレアンの噂」も、外国人や移民に対する漠然とした差別感情が分かりやすい形で「物語化」されたものだ。

特徴的なのは、こうした噂話の中ではあからさまにアラブ人やユダヤ人を非難する展開にはなっていないということだ。「不気味なアラブ人がいた」「ユダヤ人が人を殺した」という単純な筋書きは、爆発的に拡散する話になり得ない。短くてもインパクトのある噂話には、必ずある程度の「ドラマ性」が要求される。「財布を落とす」「試着室に入る」といった誰もが経験する何気ない日常シーンから始まり、やがて見事なオチにつなげる。この一、二分のショートフィルムのような短さが、かえって不気味さを鮮明に印象付け、人々に強烈なインパクトを与えるのだ。

繰り返された自己増殖

「オルレアンの噂」を簡単に振り返ってみたい。

一九六九年五月、パリから約一一〇キロ南に位置するフランス中部オルレアンで、突如降ってわいたように登場した女性誘拐の噂は、またたく間に地域社会を恐怖に陥れたという。

この現象に興味を持った社会学者エドガール・モランはすぐに五人の共同調査員と共に現地入りし、酒場や美容院など人の集まる場所を歩いて多くの人々にインタビューした。モランの言葉でいえば「社会学的な底さらい」だ。その成果は著書『オルレアンのうわさ』（杉山光信訳、みすず書房、一九七三年）にまとめられた。

モランは冒頭、「だれ一人として行方不明になったという届けなど警察には出されていなかったのだが、いく人もの女性がさらわれ見えなくなっているといううわさが、まち中を揺り動かした」と不気味な状況を強調することから筆を起こしている。

確かに、現実には女性消失の事実などなかった。だがたった数日でこの流言はすっかりオルレアンの人々の心をとらえてしまった。

モランの調査によると、一番初めに噂を広めたのは、思春期の少女や若い女性たちだった。学生、女性店員、事務員、秘書、工場勤務の女性などあらゆる分野の女性が、その伝達者になったという。

誘拐が起きたとされたブティックは、最初は一軒だけだった。仕立てのよさと手頃な値段で好評の店だったという。試着室は店の奥にあり、仕立場は地下にあった。

この店の試着室に入ると麻酔注射を打たれ、地下室に連れて行かれる。そんな噂がやがて広まる。同じような噂が立った店は五軒、六軒と増えた。その過程でいつのまにか「ユダヤ人の経営する店」という尾ひれが付いていく。

当時、確かにブティック経営者にはユダヤ人が多かったようだ。だが女子学生たちが最初にこの噂を広めた背景にはユダヤ人差別といった要素よりも、思春期の少女特有の「性的」な妄想があったという。モランは「オルレアンで神話的なものをつくりあげていくにあたって、土台となったのは、女性誘拐である」「女性誘拐のテーマに含まれる妄想的＝エロティックな要素のおよぼす影響力は信じられないほど大きく、ほんのちょっとの刺激を得ただけでも、不安をかきたて、不安を日常生活の上へせきを切ったように流れ出させ、広めてしまうのを、だれでもよく理解できるだろう」（『オルレアンのうわさ』第二章　神話の構造）と指摘している。

流言が発生した段階では、人種差別的な要素はなかった。だがその後、徐々に「ユダヤ人」という要素が追加されていった。最初は「少女がさらわれる」というどこか性的なイメージだっただけの流言が、どんどん自己増殖を繰り返し、やがて人種差別的な話にまで発展していったのだ。

モランは噂が広まる過程での「女性の役割」に注目している。

「リセ（引用者注・学校）の女生徒と異なり、男生徒たちのもとでは、うわさの培養基はできない。うわさを聞いた男生徒、父親、夫たち、職場の男性たちは、これをなかば架空の話、女たちのおしゃべり話として、加減し割引いて聞くのである」（『オルレアンのうわさ』第一章　うわさの経過）

だが、欧州の都市伝説研究の第一人者でドイツのデュースブルク・エッセン大学のヘルムート・フィッシャー名誉教授は「噂や都市伝説を広める重要な要素に、性別があるとは思いませんよ」と話す。

「男も女も、噂話は好きですよ。私はこれまで多くの都市伝説の事例を収集してきましたが、語り手はほぼ男女半々でした。たとえばドイツに古くから伝わるメルヘンなどの語り手もそうです。メルヘンについての研究会などに出席するとよく分かります。広めるのは、むしろ多くは男性なんですね」

オルレアンの話には、ドイツとの関係性も登場する。噂は多重構造で「この噂を熱心に広めたのは、ドイツ人だ」という流言が加わってくる。

背景には、第二次大戦中のナチスによるユダヤ人虐殺（ホロコースト）があるのは間違いない。ドイツ人の中には今なおユダヤ人嫌いがおり、彼らは「いかにユダヤ人がひどい人々か」という噂を好んで広めているという説だ。

「オルレアンの噂」が広まった一九六〇年代後半は、ちょうどドイツ系のチェーン・ストアがこの地域で根を下ろし始めた時期だ。そんな時代背景もあり、ユダヤ商人を商売敵とみるドイツ人が故意に流言を広めたとの説も飛び交ったという。

ショーケースの中のユダヤ人

オルレアンの都市伝説が爆発的に広まったのは一九六九年のことだが、反ユダヤ主義は常に欧州では現在進行形の問題だ。

特にドイツには、今なお「ネオナチ」と呼ばれる極右集団が一定数存在し、テューリンゲン州、ザクセン州など旧東ドイツ地域を中心に根付いている。そして、ユダヤ人国家イスラエルによるパレスチナ自治区への攻撃などが報じられる度、こうした反ユダヤ主義がジワジワと姿を現し、ユダヤ人に対する暴力事件も頻発する。

テューリンゲン州の州都エアフルトで二〇一二年、同州ユダヤ人協会会長のヴォルフガング・ノッセンにインタビューした際、ノッセンはシナゴーグ（ユダヤ教礼拝堂）の窓ガラスを指差した。

「この窓ね、防弾ガラスなんですよ。検察庁の要請でね」

それほどの厚みはないと思ったガラスだが、かなり厳重に造られていることに驚いた。

聞けば、二〇〇〇年のヒトラーの誕生日の四月二〇日にはシナゴーグに火炎瓶が投げ込まれる事件が起きたという。負傷者はなかったが、ユダヤ人排斥思想にかぶれた一七歳から一八歳の少年三人が逮捕された。その後、協会は警戒を強め、今は防犯カメラの映像が直接、地元警察につながる仕組みになっているという。二一世紀の今もなお、ドイツのユダヤ人たちはこうして自分たちの身を守っているのだ。

ドイツ東部テューリンゲン州ユダヤ人協会のノッセン会長。2012年３月

この傾向を裏付けるデータもある。二〇一三年に欧州連合（EU）が域内の約六〇〇〇人のユダヤ人に実施した世論調査によると、過去五年間に差別が深刻化したと回答した人がドイツでは六割に上った。ユダヤ教徒の男性がかぶる帽子キッパなど、ユダヤ人と分かる衣装を公共の場で身に着けることに対しても六割が「不安」と回答した。

筆者がベルリン特派員在任中の二〇一三年、一つの奇妙なイベントがベルリンの「ユダヤ博物館」で開かれた。ユダヤ人市民にガラスのショーケースの中に入ってもらい、まるでモノのように「展示」してしまおうという企画展だ。

ホロコーストの過去を持つドイツではかなり刺激的な内容だ。博物館のマルティナ・リューディッケ理事にその狙いを聞くと「ドイツにユダヤ人が少ないため、対話の機会を作りたかったのです。あえて人目を引く企画を考えたのは作戦です。とにかく、戦後は接触の機会が少なくなったドイツ人とユダヤ人の相互理解が深まってほしいと思いました」と話した。一方でドイツのユダヤ人団体からは「度を越している」との批判も起きた。

ガラスケースの正面にガラスはない。入場客は、中に座っているユダヤ人と自由に言葉を交わすことができる。

「みんなケースの中の私を見て驚きますよ。でも、やがて会話は弾みます。よく聞かれるのは『ユダヤ人にとって今のドイツは住みやすい国ですか』という質問ですね」

そう話してくれたのは、ユダヤ人の女性画家アンナ・アダムだ。両親はナチスの強制収容所に送られた経験を持つ。

会期中、アダムのようなボランティアが連日交代で午後に二時間ずつ座る。アダムと二〇分以上会話したという女子高生は「ユダヤ人について多くを学ぶことができました。実は本物のユダヤ人に会ったのは二、三回しかありません」と話した。

現在、ドイツに住むユダヤ人は約二〇万人で、ドイツの総人口の一%にも満たない。歴

生きたユダヤ人を「展示」する刺激的な内容で盛況となったユダヤ博物館の企画展。2013年４月

ドイツ人は知識としてユダヤ人を知っていても、その存在が見えていない。そんな意味を込め、帽子だけ見えて、生身の人の姿が見えない状況を表現した展示。2013年４月

史の授業でユダヤ人虐殺を学ぶ一方で、実際は交流の機会が少なく「ユダヤ人は不気味」などの偏見も残る。

一方でドイツ・ユダヤ人中央評議会のシュテファン・クラマー事務局長が米メディアに「人間の尊厳を踏みにじるやり方だ。度を越している」と述べるなど、展示には批判も絶えなかった。だが企画展には連日多くの入場客が訪れ、異例の盛況となった。

ナチズムへの反省を国家建設の出発点にしたはずの戦後ドイツでも、人種や宗教の違いに基づく差別は簡単にはなくならない。だがそれは、欧州の一般大衆が「深層心理」として広く持ち合わせているものでもある。

前述のフィッシャー名誉教授は「人種差別について、ある女子学生が私に説明してくれた話があります。これもドイツ語圏で有名な都市伝説です」と一つの例を教えてくれた。

オーストリアの首都ウィーンの市電に、黒人男性が乗っていた。検札に来た乗務員が「おい切符を見せろ、ビンボ」と言った。ドイツ語圏では、ビンボというのはアフリカ系の人々を指す蔑称だ。その黒人男性は言った。「あなたに三点言うべきことがあります。第一に私は切符を持っています。第二に私はビンボという名前ではありません。第三に私は弁護士です」……。

「エイズ・クラブへようこそ」

身近にいる移民や外国人に対するまなざしばかりではなく、異国の人物や習慣に対する不気味なイメージも、往々にして都市伝説を作り出す。

ドイツ人は旅行好きだ。休暇が長く、管理職も必ず休みを消化する。このためドイツでは旅行に関する都市伝説もあふれている。

その中で、以下の話はドイツでよく耳にする「古典」ともいえる都市伝説だ。

　オーストラリアを旅行中のグループが、路上に横たわるカンガルーを発見した。死んでおらず、ケガをしているだけのようだ。グループの一人は、ちょうど今ならカンガルーが動かないので、記念撮影ができると思いついた。

　茶目っ気を出し、彼はカンガルーに自分の上着を着せた。面白い写真になった。そう思って撮影しようと思った瞬間、カンガルーは急に元気になり、上着を着たままピョンピョン飛び跳ねて、どこかに行ってしまった。

　上着の中にはパスポートや身分証明書が入っていた。帰国の手続きでさんざんな目にあった。

ドイツ人の老夫婦が中国を旅行した。愛犬のプードルも一緒だった。あるレストランに入ったが、食卓までペットを連れてくるのは禁止されている店だったので、犬をかごに入れてクロークルームに預けた。

食事が終わり、愛犬を迎えに来た。従業員は夫妻にかごを返却したが、プードルの姿が見えない。

「私たちの犬はどこですか？」

「お客様、それはもう食材になり、誰かがお召し上がりになりました……」。


ドイツ人の若者が大西洋のスペイン領テネリフェ島でバカンスを過ごした。海岸で知り合った現地の若い女性と仲良くなり、ホテルで一夜を共にした。翌朝、目を覚ますと、女性は消えていた。

若者はシャワーを浴びようとバスルームに入った。そして、鏡に口紅で書かれた文字を見つけた。

「エイズ・クラブへようこそ」

その後病院で検査を受けたら、彼は感染していることが分かった。

若い夫婦が中東を旅行した。妻は長い金髪の美しい女性で、行く先々で現地の人々の目を引いた。

あるレストランに入った時、身なりのいい裕福そうな紳士が、夫に申し出た。「ラクダ二〇頭、いや三〇頭を差し上げるので、あなたの奥様をいただきたい」。

これらの都市伝説はいずれも、フィッシャー名誉教授の著書『ネズミ犬――現代の伝説』などから採録しており、一九八〇～九〇年代にはすでに人々の噂に上っていたものばかりだ。

インターネットの普及でこうした物語はさらに多くのバリエーションを生んでいるが、いずれも「原型」は古くからある。ちなみに毎日新聞ベルリン支局の助手を務めていた男子学生によると、「エイズ・クラブの話は、大学で今もよく聞く都市伝説ですよ」とのことだった。話に出てくるテネリフェ島はドイツ人が多く訪れる観光地だ。

特徴的なのは、やはり異郷の人々に対する漠然とした不安が下敷きにある点だろう。ドイツの口承文芸研究家のロルフ・ヴィルヘルム・ブレードニヒは『ヨーロッパの現代伝説　ジャンボジェットのネズミ』（池田香代子、鈴木仁子訳、白水社、一九九三年）の中で、

『こっちでは』とうてい考えられない出来事が起こるこれらの話は、いずれも南のどこか」で起きる設定だと指摘する。

噂話には一種の教訓も含まれる。エイズ・クラブの話が根強く語られる背景には、不特定多数の相手との性交渉を戒める「教え」がある。実際にドイツでは二〇〇九年、この都市伝説を地で行くようなショッキングなニュースがあった。

エイズウイルス（HIV）に感染しているのを知りながら、避妊具を使用せずに三人の男性と関係を持ったモロッコ系の女性シンガーが傷害容疑で逮捕されたのだ。男性の一人が後にHIV検査で陽性と判明した。この歌手は、人気女性グループ「ノー・エンジェルス」のメンバーで一九八二年生まれのナジャ・ベナイサ。筆者は当時、ドイツ南部ハイデルベルクで何人かの若者とこの話をしたが、ノー・エンジェルスが当時のドイツではなかなかの人気を誇るポップグループだったため、若い世代のショックは相当なものだった。ベナイサ被告は後に執行猶予付きの有罪判決を受けている。

一九七〇～八〇年代に青春時代を送った世代なら、バスルームに口紅でメッセージを書く話と聞けば、松任谷由実のヒット曲「ルージュの伝言」を連想する人もいるだろう。だがこの都市伝説は、ユーミンのポップな歌声とは程遠い内容だ。

児童誘拐をめぐる疑惑

中東・北アフリカ地域で金髪の美しい女性が好奇の目にさらされる、という話はいくつかの類話がある。たとえば、若いドイツ人夫婦がバザールを見学するという以下のような話だ。

人混みのバザールで、夫婦ははぐれてしまった。夫は妻を何時間も探したが見つからず、警察に届けたが、結局行方不明のままだ。妻は金髪で美しかったため、現地では高く売られて、どこかのハーレムにいる。

さらに、ベルリンの若い家族が四歳の娘を連れてモロッコを旅行するバージョンもある。娘は金髪の可愛い顔立ちで、行く先々で頭をなでられる。バザールでは、ある絨毯商人が「高価な絨毯と娘を交換しよう」と申し出る。やがてバザールで娘は迷子になり、いつのまにか行方不明になる。そしてやはり、どこかに売られたという話になる。

この話、いずれも「オルレアンの噂」に通じるものがある。「人身売買」「女性誘拐」は都市伝説の古典的なモチーフの一つだ。

イランの首都テヘランのグランド・バザール。「子供がさらわれる」との都市伝説の舞台には、中東が頻繁に登場する。2017年5月

背景には、やはり今でも人身売買が欧州から根絶されていない社会的な事情があるのかもしれない。

二〇一三年には、児童誘拐の疑惑が世界的な話題になった。かつてはジプシーと呼ばれた少数民族ロマが子供を誘拐しているとの噂が盛んに流れたのだ。

ギリシャ中部のロマ居住地域で、警察は金髪に青い目の四歳の女児を保護した。ロマには黒髪に黒い目の人々が多いため、当局は「誘拐」を疑い、両親と名乗っていたロマ人男女を誘拐罪で起訴した。結局、この女児はDNA鑑定の結果、ブルガリアに住む別のロマ人夫婦の実子と判明し、無事に親元に戻った。蓋を開けてみれば実の親もロマだったわけで、たまたま金髪の子供

が生まれただけだった。実の母親はギリシャ滞在中に女児を出産したが、養えないためにこの男女に渡したという。だがここに「金銭授受」があれば、立派な人身売買が成立する。両親は売買を否定したという。

一方、アイルランドでは金髪の子供を連れたロマの夫婦が、やはり警察に「誘拐」を疑われる事案も起きている。白い肌に青い目をした白人のようなロマもいるということが一般には浸透しておらず、このケースでは人権団体などから「ロマ差別」「人種差別」との声が上がった。

欧州では今も児童行方不明事件が多発している。ロマが介在するケースを疑う市民も多い。

東ドイツへの視線

「他者へのまなざし」は、外国人だけに向けられるとは限らない。ドイツに暮らして実感したのが、旧西ドイツ住民による「東」への複雑な視線だ。

ドイツ語のオスト（東）から、旧東ドイツ出身者はやや侮蔑的に「オッシー」と呼ばれることがある。これに対し西住民はヴェスト（西）から「ヴェッシー」と呼ばれる。知人の旧西ドイツ出身の四〇代の学者と喫茶店で話していた時、彼は周囲をそっと見回して他

東西分断の象徴・ベルリンの壁の一部は今、壁に絵が描かれた「イーストサイド・ギャラリー」として残されている。共産主義の結束を示したブレジネフ元ソ連共産党書記長とホーネッカー元東独国家評議会議長の「兄弟のキス」の絵の前は今、若いカップルのキスの名所だ。2013年3月

人に聞かれていないのを確認し、「オッシーはさあ、本当に働かないよね」と漏らしたことがあった。

この喫茶店は旧東ベルリン地区に位置していたが、博士号を持つインテリの間でもこうした言動は今なお聞かれる。特に差別的な意味ではなく「親愛の情を込めて」使うという人もいるが、旧東独出身者に聞くと「あまりいい気はしない」という人が多い。

一九八九年一一月のベルリンの壁崩壊を機に二つのドイツは統一に向かい、わずか一一カ月後の翌九〇年一〇月、念願の統一を果たす。だが社会主義陣営に属していた旧東ドイツの経済水準はとても西に及ばなかった。統一とは、

実質的には豊かな西が貧しい東を「吸収合併」することだった。
こうした社会背景の下、以下のような都市伝説が流行した。

ベルリンの壁崩壊後、東に住む夫婦が西の友人夫婦宅に遊びに来た。西の夫婦は外出の用事があったので、東の夫婦に少しだけ留守番を頼んで自宅を出た。帰宅すると、家の中はすっからかん。一通の置き手紙があった。
「あなたたちは四〇年間、贅沢してきた。今度は私たちの番だ」

東の塗装工の男が、西のインテリア会社に就職した。親方は、顧客のアパートに行ってカーペットの張り替えをするよう男に指示した。男は「できません。東にはカーペットがなかったので、やり方がわかりません」。仕方なく今度はペンキ塗りを指示した。「できません。東にはペンキもなかったので」。男はすぐクビになった。

ジョークとも都市伝説ともつかぬこの手の噂話が、当時は新聞にまで取り上げられた。統一の高揚感とは裏腹に「社会主義圏の人間は働かない」「東の住民は貧しい」との根強い偏見が西独地域の住民に浸透していたことが、流行の背景にある。

東の住民が統一後、西に旅行した際、「町の人たちは、まるで私たちを別世界から来た人種のように扱った」といった話は今なお耳にする。自分たちは「二等市民」のように扱われている。そんな感想は若い世代からも時々聞かれる。

旧東ドイツの社会システムに詳しいベルリン自由大学のクラウス・シュレーダー教授（政治学）は、東西住民の気質の違いをこう分析する。

「東西の気質の違いは、今も確実に存在しますよ。住民のメンタリティはそう簡単に変わるものではなく、若い世代にも引き継がれています。たとえば東の住民は今でも、より多くの国家の関与、より充実した社会保障システムを望む傾向が強く、リスクを嫌います。西の住民が自由や自己責任を重視するのとは対照的です。ただ、東の住民は誰もが安心して暮らせる社会を当然と思うフシがあります。それは努力して手に入れることだという発想は薄いのです」

西の住民は、どこかで東の住民を「怠惰」だと思っている。こうした深層心理が伝説を流布させる土壌を作り出しているのかもしれない。

都市伝説定番「消える乗客」

旧東ドイツに関する都市伝説はもちろんドイツ特有のものだが、一般的なネタはやはり

「普遍性」がないと世界には広まらない。

前述のフィッシャー名誉教授は一九九〇年代、テープレコーダーを持ってドイツ西部ケルンの酒場を回り、許可を得て人々の会話を録音し続けた。ケルンは人口一〇〇万人の工業都市で、ライン川の水上交通も発達し、世界遺産のケルン大聖堂を抱える観光地でもある。雑多な人々が集う場に通い、足で稼いだ多くの噂話を分析して気付いたことがある。それは、実は既に「どこかで聞いたことがある」話が多いのだ。

代表的なのが、以下のような話だ。

ある雨の夜、男性が愛車のBMWで仕事から帰る途中で、路上に

世界遺産の大聖堂がそびえるドイツ西部ケルン。2012年9月

立っていたヒッチハイクの若い女の子を乗せた。女の子は住所を書いた紙切れを差し出したので、男性は車を走らせた。目的の家に到着したので後部座席を振り向くと、なんと女の子は消えていた。男性が驚いていると、その家から初老の女性が出てきてこう言った。「それは私の娘です。半年前、ちょうどあなたが娘を乗せた場所で、交通事故で亡くなりました……」

都市伝説の定番ともいえる「消える乗客」の話だ。日本ではよく、タクシーから消える乗客という物語として語られる。

フィッシャー名誉教授は、この話にはさらにバリエーションがあると説明する。

「冬なのになぜか女の子は夏服を着ていた、というバージョンもあります。つまり死亡したのは夏だったので、そのままの服装で家に帰ろうとしている、という説明が付きますね」

この都市伝説の元ネタはかなり古く、ドイツではすでに一九世紀の馬車の時代からあったという。当時は、つまり馬車から人が消えていたらしい。この話は車社会の米国でも有名な都市伝説で、米国の民俗学者ジャン・ハロルド・ブルンヴァンは著書『消えるヒッチハイカー』の中で、「欧州から米国への移民が広めた」可能性を指摘している。

フィッシャー名誉教授によると、さらにドイツでは古来、以下のような話も語り継がれているという。

ある男性が、森の小道を牛車で通っていた。一人の男が道端に立っており、「乗せて下さい」と言ってきたので、乗せてあげた。手綱を引きながら、何気なく男の足を見て驚いた。人間の足ではなく、馬の足をしているのだ。「こいつは悪魔に違いない」。そう思って十字を切ると、男は消え去ってしまった。やはりあの男は悪魔だったのだ……。

乗り物が牛車、馬車からBMWに進化しても、運転者が誰かを乗せて、そこで何かが起きる。この基本構造は変わらない。

面白いことに、まだ乗用車が普及する前の日本では「自転車から消える」乗客の話もポピュラーだったらしい。

筆者はドイツでの特派員生活を終えた後、次の勤務先として青森支局に赴任した。青森でもさまざまな都市伝説を収集しているうちに、こんな話を見つけた。『青森県の怪談』（北彰介編、津軽書房、改版一九七八年）に収められている。

昭和三十年頃の話である。

ある人が夜、自転車で西平内から浅虫へむかっていた。土屋の手前の、汽車のトンネルのあるあたりへ来ると、若い女の人が自転車へのせてくれといった。

その男が女の人を後の荷台へ乗せると、女の人は男の人へ後からぎっしりだきついてきた。土屋を過ぎて浅虫の入口あたりの、ヘルスセンターの所までくると、自転車を止めもしないのにすっとその女がいなくなった。

後をふりむいても女の人はどこにもいなかった。交通事故で死んだ女のユウレイだなと思ったら、その男は急にこわくなって自転車のペダルを強くふんで浅虫へ入ったという。

（青森市、甲田中の一生徒の話）

この怪談では「乗客」は車ではなく、自転車から消えている。これを読むと、太古の昔から幽霊はずいぶんワンパターンな行為を繰り返しているのが分かる。『青森県の怪談』に収められたエピソードの中には、さらに明治の頃の話として「人力車から消える」女の話まで登場する。

幽霊は本当に乗り物が好きなようだ。そして洋の東西を問わずモータリゼーションの発展には敏感で、牛車、馬車、人力車、自転車、自動車と進化する度、ちゃんと「乗り換えて」いる。いつも無賃乗車だが。

教訓を読み取る心理

話をドイツに戻すと、さらに車に関する都市伝説には、こんな話もある。

ドイツの若い夫婦が、おばあちゃんを連れてスペインを車で旅行していた。しかし旅先でおばあちゃんは心臓発作で死んでしまった。だが外国での遺体処理手続きは面倒だ。夫婦は遺体をカーペットにくるんで車の荷台に乗せ、そのままドイツに向かった。だが途中、夫婦が一瞬だけ車を降りて買い物をした際、車は盗まれてしまった。もちろん荷台の遺体も一緒に。盗難車はそのまま今なお行方不明だ。

ドイツの若い女性が車を運転していた。一人の老婆が大きなバッグを持って道端に立っていた。荷物が重いだろうと親切心を出し、老婆を乗せてあげた。だが助手席に乗り込んだ老婆の腕はなぜか異常に毛むくじゃらで、ごつい。ひょっとして男性が変装しているのではないか。不審に思った女性は「少しタイヤを点検するので、一瞬だけ降りて下さい」と言って老婆を降ろすと、そのまま急発進してすぐに立ち去った。

しかし老婆が持っていたバッグだけは助手席に置かれたままだった。中を見ると、斧が入っていた。ますます不審に思った女性は警察に届け出た。警察は言った。今、老婆に変装して若い女性を襲う連続殺人犯を捜索中です。凶器は斧です、と。

どうだろうか。いずれも「どこかで聞いた話」のような気がしないだろうか。「消える乗客」同様、有名な都市伝説はたいてい昔に流行したバージョンの焼き直しであることが多い。全く新しい話というものは、そう簡単には生まれない。

たとえば、こんな話を聞いたことがないだろうか。これも「定番」の一つで、映画で見た方も多いだろう。「雪山の怪談」「山小屋の一夜」と言えば、「ああ、あの話か」とピンと来る人がいるかもしれない。

四人の冬山登山者が吹雪で遭難し、真っ暗な無人の山小屋を見つけて一夜を明かすことにした。四人は疲れていたが、眠ってしまうと凍死する。そこであるアイデアを思いつく。まず真っ暗な部屋の四隅に一人ずつ立つ。最初の一人が壁伝いに歩き、隅にいる二人目の肩をたたく。次に二人目が三人目に、三人目が四人目に、と順番に隅から隅に移動し、相手をタッチする運動を続ける。こうしてお互いの顔さえ見えない暗闇の中で、相手が眠っていないか肩をたたいて順番に確認する作業を続け、翌朝を迎えることができた。四人は無事、山岳救助隊に救助されて下山したが、途中、自分たちがどうやって眠らずに過ごしたかを救助隊員に説明した。すると救助隊員が首をひねった。「それはおかしい。考えてみてください。四人目が次の隅に歩いて行っても、そこには誰もいないはずです」。それを聞いた四人はゾッとした。確かにそうだ。あの動きには「もう一人」必要だったのだ。あの真っ暗な山小屋には、誰も知らない「もう一人」がいたのだろうか……。

初めてこの話を聞く人は、いま一つ「怖さ」の中身が分かりづらいかもしれない。ぜひ、図に描いてみてほしい。きっと「あっ」とそのオチの仕組み、その怖さに気付くだろう。この話も多くのバリエーションがあるが、もともとは江戸時代に今の山形県の米沢地方で行われていた「隅の婆様」という一種の降霊術が原点らしい。

そのやり方はこうだ。

四人が寺に行き、真っ暗な部屋の中央に集まる。そして、それぞれの頭を「一隅の婆様」「二隅の婆様」と言って触っていく。すると、四人しかいないはずなのに、五人目の頭を触ることができてしまうという……。

泉鏡花も「膝摩り《ひざさす》」という似たような降霊実験の話を紹介している。

ネット上やテレビ番組で語られる都市伝説は結構、原型が古い時代であることに気付く。それはドイツも日本も同じだ。

一九世紀に創刊されたドイツの老舗文庫「レクラム文庫」は二〇〇三年、民俗学用のテキストとして『都市伝説 不可思議な物語』（Moderne Sagen : Unglaubliche Geschichten）を出版した。「都市の下水で巨大なワニが増殖している」など代表的な一五の伝説を紹介しているが、いずれもどこかで聞いた話が多い。

フィッシャー名誉教授によると、似た話が繰り返し語られる背景には、人々がその話から無意識のうちに「教訓」を読み取ろうとしている心理もあるという。たとえば日独両方に存在する都市伝説に、遊園地やショッピングセンターから「子供が消える」という噂がある。それは不気味な都市伝説であると同時に、「小さい子から目を離すな」という教訓でもある。フィッシャー名誉教授は言う。

「人は不安を覚える話を誰かに伝えたくなるだけでなく、何気ない噂話の中に未来への警告も読み取ろうとします。だから多くの都市伝説は、拡大再生産され続けるのです」

第六章　ハーメルンの笛吹き男

中世最大の都市伝説

時間をさかのぼり、本章ではドイツ中世史の謎を考察したい。「ハーメルンの笛吹き男」伝説だ。

グリム兄弟が収集した民話の中にも収められており、都市伝説というよりすでに歴史学、民俗学、社会学などの分野の古典としてもあまりに有名で、一般の流言の類とは明らかに質的な違いがある。だがドイツで専門家に話を聞くと、都市伝説や噂の分析によく引き合いに出されるのがこの伝説なのだ。

この話、不気味だがどこか人をとらえて離さない魅力がある。その理由としては、おそらく内容がただの流言ではなく、史実の可能性が高い「十分にありそうな話」だからだろう。

ストーリーを簡単に記すと、以下の通りだ。

昔、ドイツ西部ハーメルンの町はネズミの大群に悩んでいた。そこに笛を持った男が現れ、市民に「私がネズミを退治するので、報酬をもらいたい」と申し出た。

市長は市民と相談し、この申し出を受けた。

すると男は笛を吹き始めた。不思議なことに、この笛の音に誘われ、町中のネズミが男の後をゾロゾロと追ってきた。男が川に入ると、ネズミも後を追って川に入ってきた。結局、大量のネズミは水死し、退治できた。

市民は大喜びした。だが市長はお金を男に渡すのが急に惜しくなり、報酬を渡さなかった。

男は怒った。夜になり、再び笛を吹いた。その音に引き寄せられ、今度は町の子供たちが皆、ぞろぞろと男の後についてきた。こうして男は子供たちを連れ去り、どこかへ行ってしまった……。

この話、「約束は守ろう」というただの教訓説話のように思えるが、実はほぼ史実とみられている。ハーメルン市の記録文書には長年、「一二八四年六月二六日、笛吹き男に一三〇人の子供たちが連れ去られ、コッペンで消えた」との記述が残っていたことをグリム兄弟が紹介しているのだ。日本でも、阿部謹也の『ハーメルンの笛吹き男』（ちくま文庫）で集団失踪の背景が研究され、ドイツ中世史に残るミステリーとして人気のある研究テーマとなっている。

土地を所有し、定住する者が「真っ当」とされていた中世社会では、各地を流浪する楽師や芸人、浮浪者、犯罪者、娼婦、破戒僧などは常に差別の対象とされてきた。村祭りの時にどこからともなく現れ、音楽を奏でては去っていく巡業者。子供たちにとってはきっと「楽しいおじさん」だっただろう。だが敬虔な教会を中心に形成された保守的な共同体の大人たちにとっては、長く付き合いたくない存在だったに違いない。笛吹き男が不気味なイメージで描かれる背景には、そうした差別意識もある。

こうした中で、子供たちの失踪事件は果たして本当にあった出来事なのか。

一次資料に共通する数字

分かりやすい文書の形で残る最古級の資料は、おそらく一三八四年ごろに成立したハーメルンのミサ書『パッシオナーレ』にあるラテン語の詩と言われている。このミサ書はその後行方不明になったが、一八世紀に『ハーメルン市史集成』に転載されている。郷土史家ハンス・ドバーティンは『ネズミ捕り男伝説の出典内容』（Quellenaussagen zur Rattenfängersage）で以下のように再現している。

一二八四年は、男と女が消え失せた年だ。一三〇人の愛すべきハーメルンの子供たちが、六月二六日に。

人は言う。カルヴァリ（キリストが処刑されたゴルゴタの丘のラテン語名）が子供たちを皆、生きたまま飲み込んだと。

この詩では、ただ単に子供たちが「消えた」事実のみが記されているだけで、その原因や背景については触れられていない。だが次に登場する資料には、「事件」がより詳細に語られている。

それが、一四三〇～一四五〇年ごろに書かれた『リューネブルクの手書本』だ。一八世紀に一度発見され、一九三六年に偶然、ヴァンとシュパヌートという二人の歴史学者によって再発見されたものだ。

その内容は以下の通りだ。

不思議な奇跡が一二八四年、ちょうど「ヨハネとパウロの日」に、ミンデン司教区のハーメルンの町で発生した。三〇歳ほどの美しい身なりをした青年が、橋を渡り、ヴェーザー門から町に入ってきたが、その姿を見た者は皆驚いた。青年は不思議な形の銀の笛を持ち、町中を回りながらそれを吹き始めた。

笛の音を聞いた子供たち一三〇人が、青年に従って東門を通り、カルヴァリまたは処刑場の方に向かい、そこで消えた。どこへ行ったか誰も分からない。子供たちの母親は町から町へと駆けずり回ったが、何の情報も得られなかった。

最初に紹介した一四世紀の詩の中には、子供たちを連れ去った「容疑者」については触れられていない。だがこの『リューネブルクの手書本』には「笛を吹く男」とはっきり明記されている。年齢は「三〇歳ほど」。服装は「美しい身なり」。事件記事風に言えば、捜査の結果、容疑者の特徴が徐々に判明してきている。伝説の主人公に過ぎなかった人物がどうやら架空ではない可能性が高まり、実在感を伴い始めている。

この二点の文献資料の他、中世に残る重要資料としては「ガラス絵」がある。ハーメルンのマルクト教会の窓ガラスに一四世紀ごろに描かれた笛吹き男の絵で、一七世紀には他の絵と取り換えられてしまったが、撤去以前に模写されたバージョンが現代にも伝わっている。それが一六世紀に描かれたアウグスティン・フォン・メールシュペルクの旅行記の挿絵だ。

この三点の資料、つまり「一三八四年ごろのミサ書の詩」「一四五〇年ごろのリューネブルクの手書本」「一四世紀ごろのガラス絵」が、伝説を現代に伝える最古級の代表的史料だ。一五〇〇年ごろ以降の文献は結局、これらの内容を基にした「二次史料」がほとんどで、この三点が最も事件の原型を伝えている。

共通する数字がいくつかある。まず失踪した子供たちの「一三〇人」という数字だ。そして失踪した日付を特定する「ヨハネとパウロの日」という表記だが、これは六月二六日を指す。「一二八四年」に起きたことも史料からほぼ断定できる。

事件発生は一二八四年六月二六日。それはおそらく間違いない。

この日、ハーメルンの町で何が起きたのか。

子供たちはなぜ消えた?

子供たちが消えた理由については、これまで歴史学者らが多くの説を唱えてきた。

まず「少年十字軍」説がある。中世に盛んだった十字軍とは、欧州のキリスト教国が聖地エルサレムをイスラム教国から奪還するために派遣した遠征部隊だ。この中に子供たちだけで参加した少年十字軍という組織があった。ハーメルンの子供たちがこれに従軍したのが真相だったのではないかとの説がある。

伝染病による大量死という説もある。中世にはペストなどの疫病が流行し、多くの人々が命を落としたが、こうした社会背景が伝説を生んだとの説だ。

戦争説もある。集団失踪が起きたのは一二八四年だが、その前の一二六〇年にハーメルン北東のゼーデミュンデ村の戦いでハーメルン市民軍が司教軍に敗れ、多くの若者が戦死した。この悲劇が、やがて子供たちが消えたとの内容に変形していったという見方だ。このほか崖付近で行われた夏祭りで子供たちが転落した「集団事故死」という説を唱える人もいる。さらに何らかの宗教的儀式があり、教祖が子供たちをいけにえとして殺害したとの説もある。

伝説に詳しいハーメルン市観光公社職員のフランク・リュッケはこう話す。

「多くの説がありますが、当時ドイツ人が欧州東部に入植した『東方植民』も有力な説です。一三世紀のハーメルンでは人口が増える一方で、土地や財産を相続できるのは長男に限られていました。このため弟や妹たちは、移民を集める請負人の誘いに乗りやすかったのです。主に誘われたのは一四歳から一八歳くらいの若者だったとみられています」

一二世紀から一三世紀のドイツ西部では、人口増加に伴って「食えなくなった」人々による移動が起きていた。『ハーメルンの笛吹き男』(阿部謹也、ちくま文庫)によると、一三世紀を通じて欧州中部では飢えのために人肉食まで行われていたという。

彼らは東部に未開の新天地を求め、現在のドイツ東部、チェコ、ポーランド、ハンガリーなどに移住した。ドイツ騎士団が東方住民のキリスト教化を名目に、エルベ川以東やバルト海沿岸に進出した「軍事目的」の植民活動もあった。いずれにせよ、中世のこうした人口移動は「子供たちの失踪」の背景説明として十分な説得力を持つのは確かだ。

では、ハーメルン市の記録文書に残る「コッペンで消えた」との一文はどうだろうか。

「ハーメルンの東に、コッペンブリュッゲという地名が実在します」

リュッケはそう説明する。この「コッペン問題」は改めて後述するが、まず近年のドイツで注目されている研究を紹介したい。それが、ハーメルン近郊とドイツ東部の地名の「共通性」に着目した研究だ。

歴史は名字・地名と共にある

ドイツの名字・地名研究の第一人者が今、笛吹き男伝説の真相に迫っている。ドイツ東部のライプチヒ大学教授を経て現在は「固有名詞学研究センター」（ライプチヒ）の所長を務めるユルゲン・ウドルフ博士だ。専門の「地名分析」の視点から伝説の研究を続けている。

「私が唱えるのは移住説です。当時のドイツ人は欧州東部に入植する『東方植民』を盛んに行っていました。たとえば現在のドイツ東部のベルリン、ドレスデンという地名はもともとドイツ語ではなく、古いスラヴ系の言葉が起源なんですよ。もともとスラヴ系民族が住んでいた土地に、ドイツ人がたくさん移住してきたのです。ドイツ人の東方植民は規模の大きい移動でした」

ハーメルンの伝説も、このような移住の歴史から説明できるとウドルフ博士は話す。不思議なことにハーメルン近郊の一〇以上の地名が、ドイツ東部ウッカーマルク地方周辺にそのまま残っているという。「ビースターフェルデ、ハーメルシュプリンゲ、ビショフスハーゲンなど、他の地域には見られない地名の共通性があります。つまりドイツ東部に残る地名の数々は、ハーメルン付近からの移民が名付けた可能性があるのです」

「地名分析」の視点で笛吹き男の謎に挑むウドルフ博士。2014年1月

では笛吹き男は結局、移民のリーダーだったのか。

「笛吹き男の正体は、移民を募るロカトールと呼ばれた請負人でしょう。彼らは労働力を欲しがっているポーランドなど東方地域の領主から依頼され、ドイツで移民を集めていました。まず町の広場で笛や太鼓を演奏し、人々の注目を集めます。そして、『東に行きませんか。私に着いて来れば、新しい生活が待っています。土地も食べ物もあります』と市民を誘います。失踪した子供たちは、この誘いに乗って集団移住したのではないでしょうか」

ウドルフ博士によると、移住説は過去にもあったが、その行き先は謎だったという。たとえば現在のチェコの司教が移民を募り、ハーメルンから連れて行ったという説がある。しかしチェコとの間では地名の共通性が見られない。博士はやはり地名を重視し、ドイツ東部への移住説を取りたいと話す。

「地名は多くを物語ります。たとえば多民族国家の米国には、ドイツ系移民が名付けたベルリンという地名が数十カ所もあります。懐かしい故郷の地名を新天地に名付けたくなる心情は、きっといつの世も同じでしょう。ドイツ東部に残る地名の数々はハーメルンからの移民が故郷を思って名付けたものと考えられます」

そしてもう一つ、実はドイツ北西部に位置するハーメルン近郊とドイツ東部には、似たような「名字」もあると博士は言う。

「ヴェストファールさんという姓はその一つです。南ドイツなど他の地域には少ない名字ですが、明らかにハーメルン地方と東部地方にだけは共通性があります」

ウドルフ博士は一九四三年にベルリンで生まれ、西ドイツで兵役に従事した後、主にゲッティンゲン大学で研究を続けた。国土が東西に分断された冷戦期のドイツでは、旧東ドイツの地名・名字研究が大変だったと振り返る。

「一番苦労したのは、当時の東ドイツでは固定電話を引いている人が少なく、電話帳というデータがほとんど使えなかったことですね。私のような地名・名字研究者にとって、地域別に各世帯の名字が記載されている電話帳は本当に重要な資料なんですよ。ようやく一九九〇年の東西ドイツ統一後、旧東独地域の加入電話世帯数が増え、一九九八年には九九%近くまで普及しました。おかげで名字のデータ化が楽になり、この十数年で研究は一気に進みました」

ウドルフ博士はドイツではちょっとした有名人だ。東部ブランデンブルク州のラジオ局「アンテナ・ブランデンブルク」の番組に出演し、名字に関するコーナーを担当している。リスナーから寄せられる「私の名字の由来は?」「先祖はどこから来たのでしょう?」といった質問に答え、あなたの先祖はザクセン地方の出身ですね、などと説明している。そんな多忙な時間を割いて、ミステリーの謎解きを夢中で語ってくれた博士は実に楽しそうだった。メルヘンは子供だけのものとは限らない。

「歴史は謎に満ちています。謎を解くヒントは、人々が背負う名字、そして日々を生きるこの大地にきっと刻まれているはずです。歴史は地名・名字と共にあるのです」

七〇〇年以上前の伝説の真相はもちろん不明だが、笛吹き男を巡る謎解きは今も魅力的な研究テーマだ。ハーメルン観光公社の前述のリュッケはこう話す。

「ほぼ毎年、『当時、何が起きたのか』『子供たちはどこに消えたのか』とのテーマで新説

夏のハーメルンでは野外劇が上演され、笛吹き男がネズミ役の子供たちを引き連れて旧市街を練り歩く。2012年8月

の論文が発表されます。伝説は今も確かに生きています」

舞楽禁止の通り

ハーメルンでは夏になると笛吹き男の野外劇が上演される。ある夏の一日、幼い娘を連れてベルリンから電車を乗り継ぎ、ハーメルンに出かけてみた。

開演前の説明はドイツ語や英語のほか、なんと日本語でもアナウンスされた。伝説は日本人にも人気で、現地では日本人観光客とも出会った。上演後、笛吹き男役の男性の後をネズミに扮した子供たちがゾロゾロと着いて行き、市内を練り歩くのが野外劇のハイライト。メルヘンの国らしい夏のお祭りだ。

ハーメルン市中心部のマルクト教会に隣接する建物には「仕掛け時計」があり、決められた時刻になると笛吹き男やネズミの人形が登場する。市内のレストランでは名物の「ネズミのしっぽ」という料理も出されるが、これは豚肉を細かく切ったものだ。本屋には笛吹き男の童話が山積み。かわいらしいネズミのグッズも土産物店にあふれており、娘は大喜びしていた。

中世の悲劇を「観光資源」として活用するたくましいハーメルンの人々だが、実は今も少し不気味な名前の道路が残っている。その名も「舞楽禁止の通り」（ブンゲローゼン・シュトラーセ）という変わった名前の小道だ。

ここは子供たちがハーメルンから連れ去られた時、最後に歩いたと言われている通りだ。笛の音にさらわれた子供たちを悼み、通りでは今も歌や音楽の演奏がタブーとされている。観光客でにぎわう市街の中で、例外的にひっそりとしており、市民に聞くと、この通りではサッカー・ワールドカップ（W杯）でドイツが勝った時でさえ騒ぐことはしないらしい。「やはりどこかで、呪いが怖いと思っているんですよ」という。

この小道が市のメインストリートのオスター通りと交差する場所に、「ネズミ取り男の家」と呼ばれる石造りの建物がある。笛吹き男が泊まったとされる家で、今はレストランになっている。

鐘の音とともに、笛吹き男が登場するハーメルン市内の仕掛け時計。2012年８月

今も歌や楽器演奏が禁じられているブンゲローゼン通り。不気味な静けさだ。2012年８月

ハーメルンの子供たちが「消えた」とされるコッペンブリュッゲの町。2015年1月

コッペンとはどこか

さて、ハーメルン市の記録文書では子供たちは「コッペンで消えた」ことになっている。これはおそらくハーメルンの東一五キロに位置するコッペンブリュッゲの村を指すといわれている。また、前述の一四世紀の詩では子供たちはカルヴァリ（キリストが処刑されたゴルゴタの丘のラテン語名）で消えたことになっているが、コッペンブリュッゲ付近にある丘の近くには、ゴルゴタの丘を模した巡歴路もあったという。つまり、子供たちが消えたとされるカルヴァリ、コッペンなどの場所は、ほぼ同一の地域と考えられるのだ。

一三世紀、コッペンブリュッゲ近くの山地の崖では、夏至の日に火をともす祭りが行われていた。祭りに熱狂した当時の子供たちが火をつけに出かけ、崖下の沼にはまって脱出できなくなり、命を落としたという説もある。これが「コッペンで子供たちが消えた」ことを意味するというのだ。一九五七年に歴史学者ヴェラーが唱え、この説を有力視する人も多い。

コッペンブリュッゲには研究を続ける郷土史家がいる。元教師のゲアノート・ヒューザムだ。

「コッペンで子供たちが消えた」。この一文の謎に挑む元教師のヒューザム。2015年1月

コッペンブリュッゲは無人駅だった。駅前の通りに沿って右手に進むと、古い木組みの家並みが続く。やがて右手に半円形の城壁が見えてきた。一三世紀にシュピーゲルベルク伯が築いた古城で、保存状態もよく、今もほぼ原形をとどめている。戦後は裁判所として使われた時期があり、現在は博物館になっている。

筆者は二〇一五年一月、この古城の博物館を訪ねた。ヒューザムは多くの資料を示しながら自身の説を語ってくれた。ヒューザムは一九九七年から二〇〇九年の間、この博物館の館長を務めている。

「伝説には、宗教上の問題という秘密が隠されているのですよ」

ちょうど笛吹き男がハーメルンに現れた一三世紀終わりごろ、領主シュピーゲルベルク伯がこの城を築いた。その頃、この地では「タブー」とされる祭りが行われていた。

「キリスト教のヨハネとパウロの祝祭日に、当時の若者たちは異教的な祝祭に励んでいたようです。それは若い男女が集団で性的な行為に励む祝宴です。キリスト教の保守的な価値観から逸脱した淫らな行為に怒り狂った領主は、この宴を終わらせようと考えたのです」

六月二六日といえば夏至の頃だ。北ドイツでは当時、この季節は男女が結婚し、妊娠するのにちょうどいい時期と考えられていたという。厳寒の冬ではなく、約一〇ヵ月後の春ごろに出産を迎えることができ、子育てが楽になるからだ。このためちょうど夏至の頃に男女が結び付く祝宴がひそかに行われていた。

乱行を嫌悪した領主は一三〇人の若者を洞窟に閉じ込め、生き埋めにしてしまった。それが現在のコッペンブリュッゲにあった丘陵だという。若者の遺骨などの物証は出ていないが、ヒューザムはこの説を根強く信じている。

「人はもちろん、ハッピーエンドの物語を好みます。しかし残念ながらこの伝説には合致しません」

「コッペンで消えた」「カルヴァリ（ゴルゴタの丘）が子供たちを皆、生きたまま飲み込んだ」。こうした記述は、領主による「計画的大量殺人」のことを指している。そう考えれば矛盾はない。ヒューザムはそう指摘する。

「事件」から七〇〇年以上の時を経た二一世紀の今もなお、笛吹き男伝説に取り組むウドルフとヒューザム。二人の研究家の主張はかなり違っている。片や子供たちが新天地で生き延びたというハッピーエンドなのに対し、一方は子供たちが集団で殺害されたという救いのない結末だ。

　謎がそれだけ深いことを表しているが、二人は今なおドイツのメディアに引っ張りだこだ。その様子を目の当たりにすると、この国では中世のメルヘンの伝統が現代にも息づいていることを実感する。

増殖する笛吹き男

　実は「笛吹き男」の物語はハーメルン以外にも存在する。

　ハーメルンから約六五〇キロ離れたオーストリア北部コルノイブルクには、よく似た話が伝わっている。

首都ウィーンにほど近いドナウ川沿いのこの町は昔、ネズミの大群に悩まされていた。そこにきらびやかな服を着た男が現れ、ネズミを退治する。

ここまではハーメルンの伝説と同じだが、その後の展開が違う。子供たちは「ドナウ川に停留していた上等の船に乗せられ、どこかに行ってしまった」という「船による失踪」の話になっているのだ。

さらにドイツ東部ザクセン州には、面白いことに子供ではなく「ネコ」がさらわれる話が伝わっている。子供が消えないだけ、少しほのぼのとした趣のある話だが、構成は非常によく似ている。ザクセン州に伝わる民話集などによると、ツヴィッカウの鉱山地帯には古来、カッツェンファイトという山の精が住んでいた。彼はある時、小さな町でネズミを退治して報酬をもらおうとしたが、約束を破られて怒り、町中のネコをどこかに連れ去ってしまった。以来、この地方の町にはネコがいなくなってしまったという。

一九世紀の民俗学者ヨハン・ゲオルク・テオドール・グレーセが編纂した『ザクセン王国の伝説』の記述によると、この山の精は「ハーメルンの笛吹き男のように再び町にやって来て」と表記されているので、この伝説が生まれた時点では、ハーメルンの話はすでにザクセン地方にも知れ渡っていたと考えられる。

現代のようなマスメディアがなかった中世に、笛吹き男伝説をドイツ語圏に広める役割を果たしたのは主に商人や宣教師だった。ドイツの都市伝説を研究するデュースブルク・エッセン大学のヘルムート・フィッシャー名誉教授は説明する。

「あの時代、全国を旅していたのは商人や宣教師、巡礼者で、彼らは行く先々で多くの物語を土地の人に伝える役割を果たしていました。現代でもそうですよ。アフリカ南部ナミビアに夫と長年住んでいた同僚の女性がいますが、グリム童話を現地に伝えたのは、まず宣教師だったそうです。あとは船員ですね。そして忘れてはならないのが、兵士の存在です」

頻繁に移動する兵士たちによる伝播力は強く、フィッシャー名誉教授はその例として紀元前四世紀のアレクサンドロス大王の東征を挙げた。大王が故郷マケドニアから東方に遠征した影響で、ギリシャ文化がオリエント文化と融合し、ヘレニズム文化が生まれた。これは歴史の授業でも習う周知の事実だが、古来、長距離を遠征する代表的な職業は何といっても前線の兵士だった。真っ先に異文化に接し、故郷の物語を遠征先の人々に伝えるのも彼らだった。

だが口承の物語を後世に伝えるには、「記録」が必要だ。

「私たちが過去の出来事について実証できるのは、結局は書かれたものが残っている場合だけです。その意味で、教会の石板に書き残してくれた中世の僧侶も大きな役割を果たしました。ハーメルンの子供たちが消えた理由は、どの説ももっともらしく聞こえます。でも重要なことがあります。謎は、解かれないのがいいんですよ」

さて、笛吹き男はどうやら現代にも姿を見せるらしい。まるで集団催眠にかけられたように人々が付き従い、破滅の道を歩んでいく。そのイメージを、容易にナチスの独裁者ヒトラーと、彼に扇動されたドイツ国民の姿に重ねる人も多いだろう。実際、一九三〇年代前半にナチスが台頭してきた頃には、ヒトラーを笛吹き男になぞらえる風刺画もよく欧米の新聞に掲載された。

実は、ヒトラー自身も笛吹き男の話を知っていた。一九二五〜二六年に出版した自伝『わが闘争』の中で、国民を破滅に導く者を否定的なニュアンスで「ハーメルンのネズミ捕り男のように」と記している。後に自らがまさにそのように評されるとは、当時は予想もしていなかっただろう。

そして今も笛吹き男は、「大衆を扇動する者」の意味で政治記事に使われる。たとえば二〇一二年のギリシャ議会再選挙で急速に支持を伸ばした政治家は「アテネの笛吹き男」(南ドイツ新聞)などと形容された。

七〇〇年以上前、ハーメルンの子供たちがどこに消えたのかは分からない。だが笛吹き男は今もどこかにいるらしい。

第七章

怪物ワンダーランド

吸血鬼伝説

『怪物くん』というマンガがある。

一九六〇年代に発表され、その後のアニメ放映でも人気を博し、二〇一〇年にはテレビドラマ化もされた。怪物ばかりが住む「怪物ランド」の王子・怪物太郎が修業のために人間界を訪れる物語で、原作は『ドラえもん』『オバケのQ太郎』『忍者ハットリくん』で知られる藤子不二雄（コンビ解消後は、藤子不二雄Ⓐ＝安孫子素雄、藤子・F・不二雄＝藤本弘）だ。

このマンガで怪物くんの「お供」として人間界に付き添ってきたのが、オオカミ男、ドラキュラ、フランケン（フランケンシュタイン）の三人組だ。

オオカミ男は普段はイガグリ頭のさえない風貌だが、満月や丸いものを見るとオオカミに変身してしまう。ドラキュラは本来、吸血鬼だから血を吸って生きるのが筋なのだが、人間界では周囲に迷惑をかけないよう代わりにトマトジュースを飲んでいる。そして十字架やニンニクに弱い。フランケンは巨漢で怪力だが、ちょっと頭が弱く、いつも「フンガーフンガー」と言っている。

筆者がまだ小学生だった一九八〇年代、大笑いしてテレビを見ていたが、今思えば感心してしまう。よくここまで怪物の特徴を子供向けに分かりやすく示したものだ。このマンガで初めてオオカミ男やドラキュラの名前を知った人も多いのではないだろうか。

この怪物たち、実はいずれもドイツ・中欧にゆかりの深いキャラクターだ。

まず吸血鬼伝説は、死者が復活して人間の血を吸いに来るという民間伝承が広まったものだ。欧州では火葬ではなく土葬が中心で、遺体が一定の形を保っていることも伝説の流布に関係している。たとえば一七五五年にはオーバーシュレジエン地方（現在のポーランド南部）で、魔女の疑いをかけられた女性が死後に吸血鬼となって復活し、他の人々をも吸血鬼にしたという話がドイツの新聞に取り上げられている。このため女性の遺体は再び掘り起こされ、死刑執行人の手で改めて斬首されたという。

吸血鬼伝説の本場は東欧やバルカン半島だ。特にルーマニアでは古くからの伝承が根強く残り、一五世紀に北西部トランシルヴァニア地方の領主だったヴラド三世はそのモデルとされている。彼は人の血を吸ったわけではないが、敵を串刺しにして処刑するという残虐な一面があった。この話が西欧にも伝わり、アイルランドの作家ブラム・ストーカーが一九世紀に書いた吸血鬼ドラキュラ伯爵のモデルとなった。

実際、ルーマニアには二一世紀の今も吸血鬼を信じる人々が存在する。二〇〇四年一月には南部ワラキア地方の村で、前年に七六歳で死去したペトラ・トーマという男性の遺体が埋葬後に掘り起こされ、心臓が焼かれる事件があった。これはトーマの死後、親族が次々に病気になったため、親族が「トーマがまだ死に切れず、吸血鬼になって親族を病気にしている」と信じたためだ。遺体から取り出して焼いた心臓の灰を親族が飲んだところ、病気は回復したという。とはいえ、もちろん遺体損壊は現代ではれっきとした刑事罰の対象であり、ルーマニアの検察当局は親族数人を起訴した。おぞましい事件だが、実は欧州では親族が病気になった時、その一因は親族の死者にあると考える伝承が広く残っている。

次にフランケンシュタイン。これはもともと創作文学の主人公だ。一九世紀に英国のシェリー夫人が執筆した怪奇小説だが、この舞台がドイツだ。科学者を志す若者フランケンシュタインが墓から数体の人間の遺体を掘り起こし、部分をつなぎ合わせて人造人間を作るというストーリーとなっている。本来は「フランケンシュタイン氏が作った怪物」のはずが、いつのまにか怪物自身を指す言葉になってしまった。

あくまでフランケンシュタインは創作だが、人造人間という概念自体は欧州などでは古くから知られている。ユダヤ教には、ラビ（律法学者）が土をこねて人形を作り、呪文を唱えて自在に動かすという伝承がある。この泥人形はゴーレムと呼ばれる。一六世紀スイスの医師・錬金術師パラケルススも、ホムンクルスという名の人造人間を生成することに成功したと言われている。

世界中に伝わる人狼信仰

そして最後にオオカミ男だ。これはドイツ語圏を中心に語り継がれてきた典型的な怪物だ。北欧や東欧・バルト海地域では、人間がオオカミに変身する、または強制的に変身させられるという伝説が昔から語られてきた。

一般的にオオカミ男とは、昼間は人間の姿をしているが、夜になると猛獣の本性を現し、オオカミに戻る怪物のことを指す。最近はゲームやテレビの影響で「人狼《じんろう》」との言葉も通りがよくなってきた。数人のプレーヤーの中にまぎれ込んだ人狼を、互いの会話の中で探し出すのが「人狼ゲーム」だが、人狼役のプレーヤーは夜のターンにおいて人間役のプレーヤーをゲームから脱落させることができる。つまり夜になると本性を現し、人間を食い殺すという伝説通りの設定を、きちんと現代の遊びに生かしているのだ。

人狼信仰は世界中に伝わる。優れた戦闘能力を持つオオカミのイメージは古来、為政者の強さを誇示するために使われた。たとえばモンゴル帝国を築いたチンギス・ハンの祖先はオオカミだったとか、ローマの建国者ロムルスとレムスの双子もオオカミに育てられたといった伝説だ。

古代ギリシャ・ローマ神話にも、人がオオカミに変身する話の原型がみられる。オウィディウスの『変身物語』(中村善也訳、岩波文庫)によると、人肉料理を出したリュカオンは父なる神ユピテルの怒りに触れ、オオカミの姿に変えられてしまう。ここではオオカミは悪役のイメージだ。

また、紀元前五世紀のギリシャの歴史家ヘロドトスの『歴史』(松平千秋訳、岩波文庫)には、黒海の北側から現在のポーランドあたりまで住んでいたネウロイ人という民族が一年に一度だけ、数日間にわたってオオカミに変身するという話が記されている。一応、ヘロドトスは「私はこのような話を聞いても信じないが」と信憑性については疑問視しているが、いずれにせよすでに紀元前五世紀の時点で、現在の東欧地域には人狼信仰が存在していたことを示す資料だ。

ちなみに日本でも山間部を中心にオオカミ信仰があった。農耕民族の日本人にとってオオカミは、農作物を食い荒らすシカなどを襲う「益獣」と位置付けられ、むしろありがたい存在だったようだ。そもそも語源自体が「大神」との説もあり、「日本書紀」には「貴神(かしこき神)」と肯定的に記述されている。

オオカミ男を信じる米兵

グリム童話の「赤ずきん」が代表例だが、「森とオオカミ」の二つはドイツの民間伝承

「オオカミ男」が出現したとの噂が流れたドイツ西部モアバッハの米軍基地付近の森。マティアス・ブルガルト氏提供

に欠かせない要素だ。だがオオカミ男は中世の話とは限らない。現代にも時折その姿を垣間見せる。

その一例が、東西冷戦末期の一九八八年にドイツ西部モアバッハで起きた「モアバッハの怪物」事件だ。

米軍が駐留していた旧西ドイツのモアバッハの森に、後ろ足で人間のように立つ「巨大なオオカミ男」が出現したとの噂が流れた。高さ三メートルのフェンスを越えて逃げた怪物を、複数の米兵が目撃したという。この話には「軍用犬も怖がって後を追いかけなかった」というオチまで付く。

マインツ大学の民俗学研究員マティアス・ブルガルトは、自ら米兵にインタビューを続け、この都市伝説の背景を調査した。

その成果は『モアバッハの怪物』という本にまとめられた。複数の米兵が語った話を要約すると、以下の通りだ。

ハーン空軍基地に駐留している米兵が「モアバッハの怪物」の話を耳にした。郊外には聖堂があり、そこには絶えずロウソクの火がともされているが、この火が消えた時、オオカミ男が戻ってくるという言い伝えがある。ある夜、基地の警備に当たる護衛兵士のグループが森を巡回し、モアバッハの駐屯地に戻る途中、聖堂のロウソクの火が消えているのに気付いた。衛兵たちは皆、「こりゃ怪物が出るぞ」とジョークを言い合った。

その夜、駐屯地で異常を知らせるアラーム音が鳴り響いた。フェンス付近で異常があったようだ。駆け付けた米兵が見たのは、驚くような光景だった。

フェンスの前に、巨大な「犬のような」怪物が後ろ足で立っている。そしてそのモンスターは、三メートル近いフェンスを軽々と飛び越えてどこかに行ってしまった。兵士はすぐに基地で飼っていた軍用犬を動員し、現場の捜索のために森の周辺を追跡しようとしたが、犬はなぜか怖がって動こうとしなかった。

これは一九八八年にあった実話だ。基地では、兵士たちが退屈しのぎによく怪談を話すことが多いが、この話だけは何度も繰り返し語られている本当の話なのだ……。

モアバッハ一帯は豊かな森林地帯で、古来、オオカミ男伝説が語り継がれている場所だった。一九世紀初頭、ナポレオン軍からの脱走兵のフランス人が、モアバッハ近くで空腹を満たすため、農家を襲撃し、住人を殺害した。住人は殺される寸前、このフランス兵に「お前は人間ではなく、人狼になる」と呪いの言葉を吐いた。呪われたフランス兵は本当に人狼となったため、村人から殺された。こうした人狼伝説が残るのが、このモアバッハの森林地帯だった。

だがなぜ二〇世紀後半にもなって、再び人狼伝説が生まれてきたのか。

ブルガルトはこの物語の重要なファクターとして「米兵」の存在を重視する。

「一般的に、まず兵士というのは迷信をつい信じてしまう心情を持っています。兵士は常に死の危険と隣り合わせですから、精神的に不安定で、超自然的なものへの距離が近くなります。この伝説は米兵が広めたという点が重要なポイントです。人狼の本場であるドイツの人々よりも、むしろ米国人の方が人狼を信じる傾向が強いのです」

ブルガルトは、この物語の背景には米国人特有の心理があると分析する。

第二次大戦末期、米英連合軍が進軍したドイツの占領地域では、連合軍に最後の抵抗を試みるドイツのゲリラ部隊が「ヴェアヴォルフ（人狼）部隊」と呼ばれた。彼らは普段は一般市民にまぎれて軍服を着ていないが、米英軍の兵士が油断したすきに襲撃を実施する。まさに「突如、オオカミ男に変身する」イメージそのままの集団として、米兵から極度に怖れられた過去があるのだ。

こうしたドイツの人狼部隊の伝説は、第二次大戦後も米軍内で長く語り継がれた。このため「ドイツ＝オオカミ男」のイメージが容易に結び付きやすかった側面があるという。

「私が聞き取り調査した米兵は、実に面白いことを言っていました。彼は本気でオオカミ男の存在を信じているのです。一〇代の頃、米国で見たことがあるそうですが、それはきっとドイツから移住したに違いないと真剣に話すのです。彼はその話をすると皆に笑われるので、人前で話すことを避けてきたそうです。だから私がインタビューした時は非常に喜んでいました。やっと話せる人が見つかったと思ったみたいです」

ブルガルトは、試しにモアバッハ一帯に住むドイツ人に対し、米兵が見たという怪物について尋ねてみた。だが誰もその都市伝説を知らなかった。そして米軍という極めて限定された空間でのみ、この噂が広まっているのを知った。

ブルガルトはさらに、この伝説が広まった「時期」にも注目する。

「一九八八年といえば、東西冷戦がほぼ終わりかけていた時です。冷戦の最前線だった東西ドイツでも戦争が起きる可能性がゼロに近くなった。しかし外国に駐留する兵士たちは、どこかでやはり『英雄』になりたい。そんな心理もあり、新たな脅威としてこのような怪物を作り上げた可能性があるのです。こうして地元の人には知られていないオオカミ男伝説が『逆輸入』の形で米国からもたらされ、ドイツに広まった。私はそう考えています」

モアバッハに怪物が「出現」したのが一九八八年。その翌年の一九八九年にベルリンの壁が崩壊した。さらにその翌年の一九九〇年には東西ドイツは統一を果たし、冷戦は過去の歴史となっていく。当時ドイツに二〇万人いた駐留米軍は撤退を開始し、二〇一六年には三万人にまで減った。モアバッハの怪物は、欧州での任務の終わりを予感し、最後の「冒険談」を無意識に欲していた若き米兵たちが作り上げた神話だったのかもしれない。

人狼を見分ける方法

だが面白いことに、その後もドイツでは森に「巨大な生き物」が出現したという都市伝説が生き続ける。どうやら姿はオオカミとは違うようだ。米兵や米軍施設とも特別な接点はない。こうした現象には何か特徴があるのだろうか。

まず一九九二年、南部ザールラント州では「巨大な黒いヒョウ」のような怪物が出現するとの目撃談が広まった。この黒ヒョウは当時、地元紙から「怪物グスタフ」との愛称までもらっている。二〇〇〇年八月にはベルリン南部の森でも、同様に「巨大な黒ヒョウかライオンのような生き物」の目撃情報があり、通報を受けた警察が出動する騒ぎになった。この年は南部バイエルン州でも同様の目撃談があった。

二〇〇九年にはベルギー国境付近の森で、キノコ採りに来た男性が「巨大な黒い獣」の姿を目撃し、携帯電話で動画撮影をしている。あまりの恐怖で獣に近付くことができなかったため映像は不鮮明だったらしいが、解析の結果、体長は約一メートルと推計された。警察は「猫にしては大きすぎる」との見解を示した。

こうした目撃談は後を絶たない。実際に「黒ヒョウ」がドイツで生き残る可能性はあるのか。

ドイツ動物保護連盟の広報担当カテリナ・ミュルハウゼンは「理論上は、ヒョウもドイツの自然の中で生きていくことは可能です。ドイツの森には十分なえさがありますから。しかしドイツの寒さに耐え抜いて生き残ることができるかどうかは疑問です」と話す。ヒョウは熱帯地方の生き物だ。アフリカやユーラシア大陸の赤道付近が主な生息地域で、ドイツにはそもそも生存しない。

巨大な生物の目撃談が相次ぐドイツでは、並行して面白い現象が起きている。東西ドイツ統一後、本物のオオカミが数を増やしているのだ。

オオカミは、日本では一九〇五年に奈良県で捕獲された一頭を最後に絶滅したとされている。ドイツでも二〇世紀前半までには駆除が進んだ。だが今、その数は再び増えている。

「冷戦終結が背景にあります。旧東ドイツでは、オオカミは害獣として駆除される対象でしたが、東西ドイツが統一された一九九〇年、絶滅の危機に瀕したオオカミを保護する法律がドイツ全土で適用されるようになりました。このため、以後は増加の一途なんです」

ドイツ東部ラウジッツ・オオカミ地域研究所のヴァネッサ・ルートヴィヒはそう説明する。現在、欧州全土に生息するオオカミは推定二万頭で、ドイツでは六〇カ所以上で群れが確認されている。

二〇一二年には「事件」も起きた。ドイツ南西部ラインラント・プファルツ州の森で、地元では一〇〇年以上も目撃されたことのなかったオオカミが射殺体で発見されたのだ。警察は自然保護法違反の疑いで捜査を開始した。童話では赤ずきんを助けてオオカミを退治した猟師は英雄だが、今は撃てば犯罪者になる時代だ。

「ドイツには、童話のイメージが現実よりも先行してしまう『赤ずきんトラウマ』(Rotkäppchen-Trauma)という言葉があります。実際のオオカミは特に危険ではなく、むしろ人間を避けるものなんですよ」

オオカミの生態に詳しいドイツ自然保護連盟のマルクス・バーテンはそう説明する。近年はオオカミを見るため森に入るツアーもお目見えし、オオカミの復活が話題になっている。

もちろんオオカミの繁殖が「謎の黒い生き物」と関係するかは分からない。だが前述のマインツ大学民俗学研究員マティアス・ブルガルトは、何かを見てしまう「心理的」な背景を指摘する。

「森にオオカミが増えれば、必ずオオカミ男の伝説も生まれます。森を愛し、同時に森を恐れるドイツ人の深層心理が、物語となって現れるのです」

ドイツを始め、欧州はこうした「怪物たち」のワンダーランドだ。有名なところでは、一八世紀のフランスを震撼させた「ジェヴォーダンの怪物」がいる。一七六四年から六七年にかけ、フランス南部ジェヴォーダン地方に出現した巨大なオオカミのような生き物で、一〇〇人近い農民らが襲われて死亡したという。一七六七年に猟師によって射殺され、襲撃は収まった。オオカミ説、ハイエナ説、異種の動物同士の交配で生まれた謎の生物説など様々な説があるが、今も正体は不明のため、雪男やネッシー、ツチノコと同様に「未確認動物学」の見地から議論が続いている。

ドイツでは今も子供たちが好んで話す噂がある。それは「人狼を見分ける方法」だ。ベルリンの公立小学校に通っていた筆者の娘が、ドイツ人の同級生から聞いてきた。注目するのは「薬指」らしい。薬指が中指と同じ、または中指よりも長い人がいたら、それは人間ではなく「人狼」なのだそうだ。

魔女の名誉回復

中世以降のキリスト教社会では、オオカミに変身してしまう人物は悪魔の類とされ、忌み嫌われた。この人狼同様に、悪魔的な存在を極度に恐れる中世の人々が考え出した「異端」がある。

それが魔女だ。そしてそれは、悪名高き「魔女狩り」の嵐を欧州全土にもたらした。ドイツはその中心地で、一五世紀から一九世紀にかけて推計約二万五〇〇〇人が無実の罪で処刑されたといわれている。中には、子供や男性も含まれていた。

魔女狩りは現代から見れば、一種の集団ヒステリーとして解釈できる。何か不都合なことが村で起きれば、その「はけ口」として利用されてきた歴史がある。対象となるのは当時の村の知識人である場合も多かった。物知りで、病気の治療方法を知っていたりすれば、平時には村人からの尊敬を集める。だが中世以降、教会の権威が徐々に絶対的になるに従い、むしろ村で人望を集める一部の知識人は教会にとって目障りな存在になっていく。「宗教改革」で有名な一六世紀の聖職者マルティン・ルターでさえ魔女の存在を固く信じ、魔女狩りを支持していたとされる。現代的な観点からすれば当然、それが「冤罪」なのは明白だ。

ドイツでは今、こうした過去の冤罪を晴らす動きが起きている。数百年の時を経て、かつての魔女たちは名誉回復を遂げつつあるのだ。

話題になったのが二〇一二年に西部ケルンの市議会が下した判断だ。一七世紀に「魔術を使った」との理由で火あぶりの刑になったカタリナ・ヘノート（一五七〇年ごろ〜一六二七年）の名誉回復を宣言したのだ。

きっかけは魔女狩りを研究しているハルトムート・ヘーゲラー牧師の提言だった。ヘーゲラー牧師は地元紙に「無実の罪で死んだ魔女は、そのままなの？　小学生からある時、魔女狩りについてそう尋ねられたのがきっかけです」と振り返っている。そして牧師はケルン市議会に対し、「名誉回復の手続きを取るべきだ」と訴えた。

ケルンは動いた。

「二〇一二年七月、ケルン市議会は公式にヘノートの名誉回復宣言をしました。関係者がきちんと歴史資料を再調査し、無実と結論付けたのです」

ケルン市のズザンネ・ミュラー報道官はそう説明する。ヘノートを処刑した行為は「人権や尊厳の無視」と明確に位置付けた。

厳密に言えばこれは名誉回復の「宣言」にとどまり、法的なものではないらしい。ケルン市議会の説明では、当時のドイツの大部分を統治していた「神聖ローマ帝国」は後継の国家がないままに消滅してしまったため、現在のドイツと法的に結び付いておらず、当時の決定を今になって公式に覆すことは困難だという。現代的な感覚から見ればどれほど根拠のない処刑であっても、当時の司法判断は今なお有効との考え方だ。このため、今回の名誉回復宣言はあくまで象徴的、儀礼的なメッセージにとどまっている。

とはいえ、数百年前の犠牲者の名誉を回復するというユニークなニュースは大々的に報じられ、ドイツ中の話題となった。ドイツ人というのは不思議な人たちで、前例踏襲のお堅い官僚主義をかたくなに守る半面、意外なほど斬新な決断を世界に先駆けて示すこともある。ケルン市は二〇一二年七月、ヘノートを含めて三八人の名誉回復も宣言した。いくら過去の出来事とはいえ、ドイツ人が今でも「魔女」という概念に真剣に向き合っていることには驚かされる。

興味深いのは、ヘノートが殺害された理由だ。どうやら父親が資産家の郵便局長だったため、遺産相続などに絡んで何者かに魔女の汚名を着せられたとの説があるらしい。魔女という神秘的な響きの割には、殺人事件の背景は意外に「世俗的」「現代的」だ。

タンザニアの魔女狩り

さて、魔女狩りは実は決して昔の話ではない。

筆者は二〇〇七年、タンザニアの農村を取材する機会があったが、今なお山間部には呪術が人々の暮らしに深く根を張っていることに驚いた。呪術師と称するある男性は路上で太鼓を叩きながら、「私は善良な呪術師だが、邪悪な使い手もいる」と話し、農村に災いをもたらす呪術師の存在を固く信じていた。そして地元住民も「彼はウソをつきません。彼の言うことに従います」と口々に話した。

太鼓を使うタンザニアの呪術師。今なお世界には呪術・魔術を根強く信仰する地域がある。2007年10月

この時の取材は、アフリカの貧困地域での妊娠・出産やその支援体制の現状を調べることがテーマで、日本の国際協力NGOジョイセフ（JOICFP）のスタッフと現地を訪れた。タンザニアでは不妊や死産の原因を「何者かの魔術のせいだ」と考える人々が今も多数存

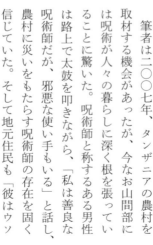

「呪術に頼らず、病院へ行こう」。人形劇で子供たちに健診の大切さを説くタンザニア・キリマンジャロ山のふもとの村のボランティア。2007年10月

在しているため、政府は迷信を根絶するための啓発活動に取り組んでいる。

キリマンジャロ山のふもとの村を訪れた際、興味深い光景があった。地元のボランティアの青年たちが、学校帰りの子供たちを広場に集めて人形劇を上演している。性病にかかったら祈禱師《きとうし》に頼らず、すぐに病院に行くことを勧めるストーリーだった。

「病気になれば医者に診てもらう」という先進国ではごく当たり前の判断が、当たり前ではない。そんな国が今なお世界には存在する。医師不足という問題もあるが、タンザニアの農村部の人々のように呪術や民間信仰に頼ってしまう人たちが二一世紀にも数多くいるのだ。

ＡＦＰ通信によれば、タンザニアでは二

〇〇五〜二〇一一年、高齢女性ら約三〇〇〇人が「魔術」を使ったとして集団リンチを受けたことが人権団体「法的権利と人権センター」（LHRC）の調べで明らかになったという。魔女と疑われて殺害されるのは毎年平均五〇〇人に上るというから驚きだ。特に北部のムワンザ州やシニャンガ州で多発しており、「赤い目」の高齢女性が標的になっているらしい。魔女が赤い目をしているというのは古来よく知られたアイコンであり、グリム童話の「ヘンゼルとグレーテル」でも魔女の特徴として「赤い目」が挙げられている。

欧州には、魔女を職業としている人も実は存在する。ルーマニアでは今も他人を呪ったり、未来を予言したりすることで生計を立てる魔女たちが、男性の呪術師を含め約四〇〇〇人いると推計され、その中には少数民族ロマの人々も多い。二〇一一年二月のドイツ紙ベルリナー・ツァイトゥングによると、ルーマニア国民の平均月収は当時三〇〇ユーロ（約三万九〇〇〇円）前後だったが、魔女はその三倍の一〇〇〇ユーロを得ていたという。このためルーマニアでは「魔女への課税」がたびたび議論される。

欧州連合（EU）を牽引《けんいん》する経済大国ドイツでは現在、魔女狩りはない。だが不気味なデータもある。二〇〇九年五月のハンブルガー・モルゲンポスト紙によると、ドイツには悪魔を信じる「悪魔主義者」が二一世紀の今も約七〇〇〇人いるという。ドイツでは超自然的なものの存在を信じる人々の割合も他の主要国に比べて高い傾向にある。EUが二〇

ドイツ語で「魔女の大鍋」とも形容されるサッカースタジアムのにぎわい。ドイツでは今も「魔女」が日々の言葉に登場する。2013年５月

〇五年に発表したデータによると、神の存在を信じると回答した人は英国で三八％、フランスで三四％だったのに対し、ドイツは四七％だった。

魔女はドイツ人の「日常語」の中にも頻繁に姿を現す。たとえばドイツ語ではギックリ腰を「魔女の一突き」（Hexenschuss、ヘクセンシュス）、大騒ぎのサッカースタジアムなどを「魔女の大鍋」（Hexenkessel、ヘクセンケッセル）という。ゲーテの『ファウスト』に描かれた「魔女が集まるブロッケン山」も中部ドイツの観光名所だ。そして多数派が少数派を異端と断じることを「魔女狩り」と表現するのは、ドイツ語にとどまらず今も世界共通だろう。

ちなみにケルン市民の間では、魔女狩り

17世紀に「魔女」として処刑され、2012年に約400年ぶりに名誉が回復された女性カタリナ・ヘノートの石像。ケルン市役所の庁舎に取り付けられ、今は穏やかに市民を見守っている。2012年９月

の犠牲となったカタリナ・ヘノートは名誉回復以前からすでに有名だったらしい。名家に生まれ、人望も厚かったが、無実の罪で処刑された人生は典型的な悲劇の主人公で、市民はヘノートに同情した。ケルン市内にはヘノートの名を冠した学校や通りも存在する。

ケルン市役所には、町にゆかりのある人物の像が庁舎の外壁に取り付けられている。その中にはヘノートの像もある。約四〇〇年ぶりに名誉回復を遂げた彼女は今、穏やかな笑みをたたえて市民を見守っている。

エピローグ

このあとがきを書いている二〇一八年現在、筆者はエジプトにある毎日新聞カイロ支局で働いている。テロや紛争が絶えない中東の人々は日々、生命を脅かす本物の恐怖と闘いながら生きている。とても都市伝説など構っていられない。怪談より恐ろしいのは目の前の悲惨な現実、そして生身の人間だ。

だが都市伝説が「全くの絵空事」として日常に入り込む余地がないかと言えば、決してそんなことはない。むしろ逆だ。アラブ人を始め中東の諸民族も噂、流言、都市伝説が好きな人たちだ。唯一神アラーを称え、イスラムの伝統を守りながら、一方でひそかに土着の精霊を信じていたりもする。超自然的なものへの距離も近い。筆者の仕事場はドイツからエジプトに移ったが、改めて都市伝説の時空を超えた広がりを再認識している。

今、ドイツ駐在時代に書きためたこの原稿をカイロのアパートでチェックしている。本書でも記したが、筆者は怖い話、不思議な話が大好きなくせに人一倍の怖がりだ。単身赴任の今、自宅で一人夕方ごろから原稿を読み直していると、ドイツや日本、そしてエジプト着任後に聞いた怖い話を一気に思い出し、背筋が寒くなることもある。そんな時、部屋の呼び鈴が突然鳴る。エジプト人の管理人が電気代を集めに来た。思わず椅子から転げ落ちた。管理人から「真っ青な顔をしているが何かあったのか」と問われ、返す言葉もない。ふと外を見れば、ナイルに夕陽が沈む日暮れ時。車のクラクションの音が鳴り響くいつものにぎやかな愛すべきカイロだ。そんな喧噪とドタバタの中で、どうにか本書を世に送り出す運びとなった。

ドイツの謎や都市伝説を駆け足で紹介してきた。民俗学や心理学、社会学などの専門家ではない筆者が「素人目線」で寄せ集めた話ばかりなので、内容に瑕疵《かし》があれば非は全て浅学な筆者にある。

本書を執筆できたのは、ドイツの街角のカフェや研究室、職場、自宅で、労をいとわず取材に協力してくれた人々のおかげだ。多くの方々が外国人である筆者の拙《つたな》いドイツ語に一生懸命に耳を傾け、長時間の取材に応じてくれた。改めて御礼を申し上げたい。そしてインタビューの録音テープ起こし、文献収集など数多くの仕事で常にサポートしてくれた毎日新聞ベルリン支局の歴代助手、デニス・ハーフ、ニルス＝エリック・シュミット、印牧沙織、ジェニー・ツァイマー、ニコル・レンガーの各氏には感謝してもしきれない。本書はこうした支局スタッフとの合作だと思っている。

そしてこの原稿に関心を寄せ、常に読者の目線で的確な助言をしていただいた平凡社新書編集長の金澤智之さんの励ましがなければ、本書が生まれることは決してなかった。深く感謝申し上げたい。また、毎日新聞社の同僚は公私にわたり、いつも温かく、時にさりげない支援の手を差し伸べてくれた。

そして共に過ごしたドイツでの四年間、常に筆者を支えてくれた妻・姿子と娘・夏海に改めて深く感謝したい。

ドイツは歴史のごった煮の国だ。一九世紀以降のたかだか一〇〇年ちょっとを見ただけでも、カイザー（皇帝）の帝政時代から共和政を経て、とんでもない独裁者が現れたと思ったら、戦争に負けて国土が東西に分断され、冷戦の最前線になり、資本主義と社会主義の二つの国家が二〇世紀を同時進行し、やっと東西統一。経済低迷期を経て欧州をリードする経済大国となったものの、今度は難民流入やテロ対策で苦しみつつ、苦悩する欧州の真ん中でもがいている。ハイテク工業国家の中に石造りの重厚な建物がどっしり居座り、近代都市の片隅に古代・中世の面影も厳然として残る国。そんなドイツの街角には「謎」も重層的に詰まっている。

次はアラブの都市伝説を調べてみようか。カイロの自宅でそんなことを考えていたら、ふと、部屋の呼び鈴がまた鳴った。外に出てみたが、今度は誰もいない。
世界は楽しい謎に満ちている。

二〇一八年五月

エジプト・カイロにて

篠田航一

主要参考文献

【ドイツ語文献】

Mark Benecke, Lydia Benecke : Aus der Dunkelkammer des Bösen, Bastei Lübbe, 2011
Mark Benecke : Mordspuren, Bastei Lübbe, 2007
Wolfdieter Bihl : Der Tod Adolf Hitlers, Böhlau, 2000
Rolf Wilhelm Brednich : Die Maus im Jumbo-Jet, C.H.Beck'sche Verlagsbuchhandlung, 1991
Rolf Wilhelm Brednich : Die Spinne in der Yucca-Palme, Verlag C.H.Beck oHG, 1990
Rolf Wilhelm Brednich : Pinguine in Rückenlage, Verlag C.H.Beck oHG, 2004
Matthias Burgard : Das Monster von Morbach, Waxmann Verlag, 2008
Hans Dobbertin : Quellenaussagen zur Rattenfängersage, Verlag CW Niemeyer, 1996
Hans Dobbertin : Wohin zogen die Hämelschen Kinder (1284) ?, August Lax Verlagsbuchhandlung, 1955
Rainer Eisfeld : Mondsüchtig, zu Klampen Verlag, 2012
Reinhard Federmann, Hermann Schreiber : Botschaft aus dem Jenseits, Horst Erdmann Verlag, 1968
Helmut Fischer : Der Rattenhund, Sagen der Gegenwart, Rheinland-Verlag, 1991
Gernot L.Geise, J. Andreas Epp : Flugscheiben : Realität oder Mythos?, Michaels Verlag, 2005
Klaus Goldmann, Günter Wermusch : Vineta, Verlagsgruppe Lübbe GmbH & Co. KG, 1999

Johann Georg Theodor Grässe : Der Sagenschatz des Königreichs Sachsen, CreateSpace Independent Publishing Platform, 2014
Bernd Harder : Das Lexikon der Großstadtmythen, Piper Verlag, 2006
Bernd Harder : Elvis lebt!, Verlag Herder, 2010
Bernd Harder : Geister, Gothics, Gabelbieger, Alibri Verlag, 2005
Bernd Harder : Sie sind mitten unter uns, Verlag Herder, 2012
Bengt af Klintberg : Der Elefant auf dem VW, Serie Piper, 1992
Günter Lange : Moderne Sagen, Reclam, 2003
I. Lange, P. W. Lange : Vineta, Urania-Verlag, 1988
Ulrich Magin : Trolle, Yetis, Tatzelwürmer, C.H.Beck'sche Verlagsbuchhandlung, 1993
Philip Militz : Freimaurer in 60 Minuten, Thiele Verlag, 2009
Helmut Reinalter : Die Freimaurer, Verlag C.H.Beck oHG, 2000
Michael Schneider : Spuren des Unbekannten, Twilight-Line Verlag GbR, 2008
Fabian Vierbacher : Die "moderne" Sage im Internet, GRIN Verlag, 2007
Ulrich Völklein : Hitlers Tod, Steidl, 2004
Thomas Walden, Embe, Olga Hopfauf : Die Bielefeld Verschwörung, Pendragon Verlag, 2010
Günter Wermusch : Das Vineta Rätsel, Kunsthaus Verlag GmbH, 2011

【英語文献】

Donald M. McKale : Hitler : The Survival Myth, Cooper Square Press, 2001

【日本語文献】

朝里樹『日本現代怪異事典』笠間書院、二〇一八
阿部謹也『ハーメルンの笛吹き男』ちくま文庫、一九八八
池内紀『悪魔の話』講談社現代新書、一九九一
泉鏡花著、東雅夫編『おばけずき 鏡花怪異小品集』平凡社ライブラリー、二〇一二
沖島博美、朝倉めぐみ『グリム童話で旅するドイツ・メルヘン街道』ダイヤモンド社、二〇一二
加治将一『石の扉――フリーメーソンで読み解く世界』新潮文庫、二〇〇六
「角川日本地名大辞典」編纂委員会『角川日本地名大辞典 青森県』一九八五
川口マーン恵美『ベルリン物語』平凡社新書、二〇一〇
北彰介編、青森県児童文学研究会『青森県の怪談』津軽書房、一九七八
坂本太郎、家永三郎、井上光貞、大野晋校注『日本書紀（三）』岩波文庫、一九九四
佐藤恵三編著『ドイツ・オカルト事典』同学社、二〇〇二
佐藤守『実録・自衛隊パイロットたちが目撃したＵＦＯ』講談社＋α新書、二〇一四
篠田航一『ナチスの財宝』講談社現代新書、二〇一五
澁澤龍彦『秘密結社の手帖』河出文庫、一九八四
武田知弘『ナチスの発明』彩図社、二〇〇六
田中芳樹、赤城毅『中欧怪奇紀行』講談社文庫、二〇〇三

谷口幸男、福嶋正純、福居和彦『図説ドイツ民俗学小辞典』同学社、一九八五
常光徹『うわさと俗信』河出書房新社、二〇一六
中村真人『ベルリンガイドブック「素顔のベルリン」増補改訂版』ダイヤモンド社、二〇一三
並木伸一郎『世界のUFO現象FILE』学研、二〇一一
新田次郎『八甲田山死の彷徨』新潮社、一九七一
橋爪大三郎『フリーメイソン――秘密結社の社会学』小学館新書、二〇一七
浜本隆志『魔女とカルトのドイツ史』講談社現代新書、二〇〇四
早川洋行『流言の社会学』青弓社、二〇〇二
的川泰宣『月をめざした二人の科学者』中公新書、二〇〇〇
吉田孝夫『山と妖怪ドイツ山岳伝説考』八坂書房、二〇一四
オウィディウス著、中村善也訳『変身物語』(上・下)岩波文庫、一九八一
タモツ・シブタニ著、広井脩、橋元良明、後藤将之訳『流言と社会』東京創元社、一九八五
H・シュライバー著、関楠生訳『ドイツ怪異集』現代教養文庫、一九八九
H・R・トレヴァ=ローパー著、橋本福夫訳『ヒトラー最期の日』筑摩叢書、一九七五
アドルフ・ヒトラー著、平野一郎、将積茂訳『わが闘争』(上・下)角川文庫、一九七三
ダン・ブラウン著、越前敏弥訳『天使と悪魔』(上・中・下)角川文庫、二〇〇六
ジャン・ハロルド・ブルンヴァン著、大月隆寛、菅谷裕子、重信幸彦訳『消えるヒッチハイカー』新宿書房、一九八八
ロルフ・ヴィルヘルム・ブレードニヒ編、池田香代子、真田健司訳『ヨーロッパの現代伝説　悪魔のほく

ろ』白水Uブックス、二〇〇三
ロルフ・ヴィルヘルム・ブレードニヒ編、池田香代子、鈴木仁子訳『ヨーロッパの現代伝説　ジャンボジェットのネズミ』白水社、一九九三
ヘロドトス著、松平千秋訳『歴史』(上・中・下) 岩波文庫、一九七一～一九七二
エドガール・モラン著、杉山光信訳『オルレアンのうわさ』みすず書房、一九七三

【著者】
篠田航一（しのだ こういち）
1973年東京都生まれ。早稲田大学政治経済学部卒業。97年毎日新聞社入社。甲府支局、武蔵野支局を経て東京本社社会部で東京地検特捜部などを担当。ドイツ留学後、2011年から４年間、ベルリン特派員としてドイツの政治・社会情勢を取材。青森支局次長を経て17年からカイロ特派員。著書に『ナチスの財宝』（講談社現代新書）、共著に『独仏「原発」二つの選択』（筑摩選書）がある。

平凡社新書８８２

ヒトラーとUFO
謎と都市伝説の国ドイツ

発行日――2018年６月15日　初版第１刷

著者――篠田航一
発行者――下中美都
発行所――株式会社平凡社
東京都千代田区神田神保町3-29　〒101-0051
電話　東京（03）3230-6580［編集］
　　　東京（03）3230-6573［営業］
振替　00180-0-29639
印刷・製本―図書印刷株式会社
装幀――菊地信義

ISBN978-4-582-85882-2
NDC分類番号302.34　新書判（17.2cm）　総ページ200
平凡社ホームページ　http://www.heibonsha.co.jp/